世界を友だちにする

The world's going to be my friend!

英語キッズの育て方

濱田まゆみ

アルク

本書を手に取ってくださったすべての方へ、感謝をこめて

Prologue

はじめに

私たち濱田家は、YouTube「こたせなチャンネル」で英会話を披露している、「英語家族」です。この本の著者で母親のまゆみと父親の和久は英語の先生、長男のたつや（こたつ）は俳優、アーティスト、兼YouTuber、長女のせなはガールズグループの一員としてダンスと歌で活躍しています。

こたつ「みなさん、はじめまして。濱田まゆみの息子、たつやこと、こたつです」

せな「はじめまして！　濱田まゆみの娘、せなです！」

こたつ「このたびは、この本を手に取っていただき、読んでいただき、ありがとうございます。僕は今28歳で、俳優という夢を追いながら、YouTuberやアーティストとして活動しています。YouTubeを始めて5年になり、「フォーエイト48」という7人組のYouTubeグループを立ち上げて活動してきました。さらに、アーティストを始めて2年というなかで、最終的なゴールである俳優の道を目指して、一生懸命、頑張っています」

せな　「私も2023年から兄のYouTubeに出演させてもらうようになり、本格的にYouTube活動を始めました。アーティストデビューもしたので、世界で活躍するアイドルグループの一員として、歌もダンスも頑張りたいと思っています」

こたせなママ　「みなさん、こんにちは。この本の著者、濱田まゆみです」

こたつ　「おっ、お母さんも出てきたやん。ちょい緊張してる?」

せな「たつや、関西弁になってるで。せっかくお行儀よく始めたのに」

こたつ「ホンマや。あっという間に素が出てもうた（笑）」

こたせなママ「えーっ、ここからは私が紹介していきます。たつやとせなはYouTubeで「こたせなチャンネル」を立ち上げ、登録者数690万人を超える人気チャンネルになっています。私は2人の母として、たまに動画に登場しています。「こたせな」ファンの方はご存じでしょうが、2人は英語がペラペラ。英語のクイズや、ファストフード店で英語で注文する回などは特に人気があり、2人だからこそできるテーマだと思います。「こたせな」が、どのように英語を習得したのか気になりませんか？　きっと2人とも、子どもの頃は海外で暮らしていたに違いないと思う方もいらっしゃるかもしれませんね。実は、2人とも日本生まれの日本育ちです。ただし、小・中・高とインターナショナルスクールに通っていました。さらに言うなら、私と夫は2人が生まれたときから……」

こたつ「あっ、そこまでにしといたほうがよくない？　そこから先は、本編を読んでのお楽しみってことで」

せな「なんか、うちらが子どもの頃にどんなふうに育てられたのかを知るのって、ちょっと新鮮な感じやな」

こたつ「子どもの頃のホームビデオを動画で紹介したやん？　お前、ホンマにジャガイモっぽかったよね」

せな「うっさいな。たつやだって、ダンゴムシを集めるのが好きだったなんて、十分キモいから！」

こたせなママ　「はいはい、2人とも、それぐらいにして。本書でも、動画のように2人のかけあいが入っていきます。先にお伝えしておきますと、私と夫は2人とも英語を教える仕事をしていて、私は普段は大学で英語を教えています。現在の研究テーマは、脳科学に基づいた自己実現法を英語教育に組み込んだ学習。英語を楽しく学びながら、自己肯定感、幸福度、夢を描く力を高めるコースも提供しています。夫はこれまで、駿台予備校や高校で英語を教えてきました。私たち家族は、英語が大好きという共通点があります。好きすぎて、普通の家庭とはちょっと違った道を歩んできたかもしれません。そんな私たちの子育てを紹介するのが本書です。英語に興味がある方も、そうでない方も、「こたせな」ファンにも、そうでない方にも、楽しんでいただける1冊になっていると思います」

せな　「私たちは特殊な背景を持つので、私たちのことをお話しすることで少しでも誰かの助けになれたらいいな、この本を読んでいただける方に何か届くものがあればいいな、と思っています」

こたつ　「急にきれいにまとめたやん。僕も、この本を通して、少しでも誰かの胸に刺さるようなことをお話ししていきたいと思っています」

こたせなパパ　「それじゃ、さっそく行ってみようか。Are you ready?　Let's get started!（準備はいいかい？　さあ、始めよう！）」

こたつ　「おっ、最後にウルフマン・ジャックが出てきた！（本文でウルフマンの意味がわかります）」

Contents 目次

Chapter 2
こたせなファミリーは「保証された無人島」である

Chapter 3 こたせなファミリーは「好きを仕事に」している

Chapter 4 英語子育てQ&A

※本書は2025年3月時点の情報をもとに執筆されています。

Chapter

1

こたせなファミリーは「英語で会話をする」ってホント!?

#1 赤ちゃんの頃から英語で会話が当たり前

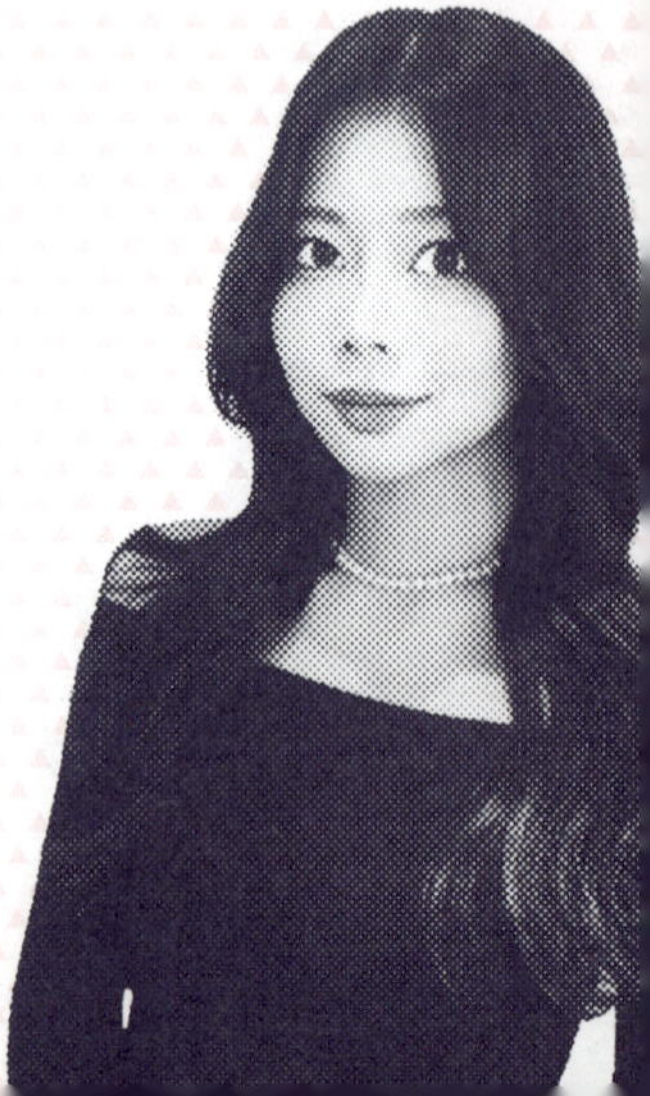

「英語を話すのが当たり前」の家だった

こたつ　「オレらって、気づいたら英語がしゃべれるようになっていたから、正直なところ、そのありがたみに気づかなかったよね。22歳でYouTubeをやるようになって、初めて気づいた感じ」

せな　「だよね。英語が武器になるなんて全然思わんかった」

こたつ 「オレは5歳から小中高一貫のインターナショナルスクール（以降、インター）に通っていて、学校生活のすべてが英語だから、それが当たり前だと思ってた。逆に、日本の学園祭とか運動会とか、インターとはまったく違う学校行事はマジでうらやましかった」

せな 「私は小6から中2の1学期まで公立の学校に通っていたから、そのときに『他の人は、英語がしゃべれないんだ』『私はできるんだ』って思った」

こたつ 「**親と英語で話すのも当たり前やと思ってたし。**インターでも日本語をしゃべれる人はめっちゃ多かったから、日本語と英語を同時にしゃべってた」

せな 「自然と英語と日本語を使い分けていたよね」

こたつ 「おじいちゃんとおばあちゃんが日本語で話しかけてきても、ちゃんと区別できていたし」

せな「なんでできたんやろ？　不思議やな」

こたつ「ただ、日本語と英語って文法が全然違うから、子どものときは、日本語で言いたいことを英語風に言っちゃうというのはあったなぁ」

せな「あった、あった！　怪しげな日本語になっちゃって（笑）」

こたつ「そもそも学校以外では、意外と日本語を使うことが多かったかも。授業ではとことん英語やったけど、休み時間やプライベートの時間では外国人と遊ばない限りは日本語が多かったよね」

せな「私が保育園の年長さんになるときまで、**家では『英語だけルール』**というのがあったね」

こたつ「あれがルールだということを子どもの頃は知らんかった」

せな　「私がめっちゃおしゃべりで、保育園の先生ともたくさんしゃべって、お母さんにも保育園での出来事をたくさんしゃべるタイプで」

こたつ　「オレにも、めっちゃ日本語で話しかけてきたで」

せな　「私が日本語でベラベラしゃべりすぎて、『英語だけルール』を壊してしまったと聞いて、『なんか申し訳ないな』という気持ちはあるかな」

こたつ　「それがなかったら、今でも、うちでは全員英語で話していたかもしれんよね」

We used to speak English & Japanese!

たつや9歳、せな3歳。たつやは小さい頃からおちゃらけキャラ。せなもまねして、変顔をよくやっていました。

生まれたときから英語での子育て、スタート！

「こたせなチャンネル」で、家族４人が出演して英語で会話をする回は45万回も再生され（２０２５年３月現在）、人気の高い回になったようです。

YouTubeのコメント欄には、「ご両親のどちらかが外国の方かと思っていましたが、日本の方と知って驚きました」「全員発音がきれいすぎるから、本当に憧《あこが》れます」というような嬉しいコメントで溢《あふ》れかえりました。

その動画でせなが、「私たちは関西の平凡な家族だけど、全員英語が話せるところがちょっと変わってる」と私たち家族のことを紹介していました。たしかに、私たちはみな日本で生まれ育った日本人で、家族で留学経験があるのは私だけ。子ども2人はインターに通い、家でも英語で会話をしていた、ちょっと変わった家族です。

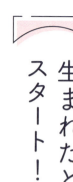

現在は、家族全員が集まっているときは日本語で会話をしています。でも、子どもたちが小さい頃は、本当に英語だけで会話をしていました。それは、**英語だけで子育てをしようと決めていた**からです。「英語での子育て」とは、子どもに話しかける言葉をすべて英語にするという意味です。

妊娠がわかったときに、夫から「0歳から英語で子育てをしてみないか?」と提案されました。そのときは、「そんなこと、できるのかな?」と戸惑いました。自分が英語で子育てをしてもらったわけではないので、どのようにすればよいのかよくわからなかったのです。それでも、「できなかったら、日本語で子育てをすればいいか」と考えて、挑戦してみることにしました。

夫は「英語の発音は、スタートするのが遅いとダメ」という考えです。子どもの頃からきちんとした英語の音を「聞く」環境で育たないと、ネイティブのような発音を習得するのは難しいと言います。それには私も同感です。

とはいえ、子どもに話しかける英語表現は受験勉強では習わないので、英語でどのように子育てをすればよいのかわかりませんでした。

当時、『起きてから寝るまで子育て英語表現1000』（アルク）という本を購入して、赤ちゃんへの言葉がけを勉強しました。

英語での子育ては、子どもたちが生まれた瞬間からスタートしました。それはやはり、英語に耳を慣れさせるためです。

例えば、子どもが泣くと「Are you hungry?（お腹すいたの？）」「Is it hot?（暑いの？）」と声をかけました。お風呂に入れるときや、おむつを替えるときなども、普通は日本語で話しかけることを英語に変換していく感じです。

「大きなウンチが出たね、びっくり」など、英語でどう言うのかわからないときは調べたり、赤ちゃんの両足をその子の頬に触れさせながら「One, two, three!（ワン、ツー、スリー！）」と言って簡単な運動をしたりしたのを覚えています。

歩くようになると、転んで泣き出したら「痛いの、痛いの、飛んでいけ！」を「Let me kiss it and make it go away!」とジェスチャー付きで言っていました。

英語のシャワーを浴びせ続けたので、2人とも初めて話した言葉は英語でした。たつやは、たしか「Mom（ママ）」だったと思いますが、「英語をしゃべった！」と感動したというより、「言葉をしゃべった！」と感動した気がします。

親が英語しか話していないので、子どもが英語を話すのは当然ですから。

このように、2人とも英語に自然となじんでいきました。

家の中では英語、保育園では日本語

「英語での子育て」と言っても、特別なことをしたわけではありません。

例えば、家の中にあるものを指しながら、「This is a chair.（これは椅子。）」「This is a table.（これはテーブル。）」と英単語を教えていくのではなく、「ほら、自分の椅子に座って」と日本語で話しかける言葉を英語に置き換えていただけです。

「家でずっと英語で話しかけていると、日本語を話せなくなるのではないか？」と思うかもしれませんが、そういう心配は要りませんでした。家から1歩外に出ると、日本語のシャワーを浴びることになるのですから。

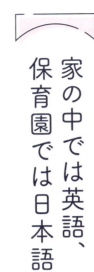

私たちの両親には、早い段階から「私たちは英語で子育てをするけど、お母さんとお父さんは日本語で話しかけてね」と伝えていました。幸い、両親から「なんでそんなことをするの？　やめなさい」と咎《とが》められることはなく、すんなりと受け入れてもらえました。私の父はアメリカ出張の経験があったため、英語の環境に慣れていたからかもしれません。

子どもたちから見ると、ダディとマミーは英語で、おじいちゃんとおばあちゃんは日本語でしたが、**違和感はなく、「そんなものだ」と思っていた**ようです。子どもたちが寝た後、夫婦2人だけの時間は日本語でしゃべっていましたが、子どもたちの前では2人で会話をするときも英語でした。

以前、バイリンガル教育を学んでいたとき、「1人1言語の原則」が効果的であると教わりました。母親が英語を話すのなら、母親はずっと英語を貫き通す。逆に、父親が日本語を話すのなら、父親は日本語のみを話すということです。1人の親が日本語と英語の両方で話しかけると、子どもが混乱してしまうと言われています。わが家は自然と母親と父親は英語、それ以外の人は日本語と分かれていたので、子どもたちは混乱しなかったのかもしれません。

私が働いていたこともあり、2人とも保育園にあずけました。そこは日本の公立保育園で、保育士さんたちも園児の親御さんたちも日本人でした。

たつやもせなも、朝、保育園に向かうときは私と英語で会話し、保育園に1歩入った瞬間から日本語での会話が始まります。そして、夕方に迎えに行くと、また英語の会話に戻るという生活でした。2人は幼児期で言葉を覚えている段階だったので、日本語も英語も柔軟に受け入れていたのかもしれません。

予防接種を受けに病院に行ったとき、どう見ても日本人の私とたつやが英語で話しているのを見て、周りの人たちから「日本人なのに、どうして英語で話しているの?」と怪訝《けげん》な目で見られることもありました。当時は、「私がハーフかクォーターのような顔立ちだったらよかったのに……」とよく思いました(笑)。それでも、めげずに英語での子育てを続けたから、子どもたちは英語を母国語のように身につけられたのだと思います。

たつやの日本人の友だちが家に遊びに来たとき、友だちには日本語で話しかけ、たつやには英語で話しかけていました。友だちから、「ねーねー、今なんて話してたの?」と聞かれたときは、たつやが日本語で説明していました。たつやの友だちは私たちが違う言葉（英語）を話しているのを見て、不思議そうな顔をしていましたね（笑）。

たつやは背中がかゆくて私に掻《か》いてもらいたいときは、「Mom, itchy, itchy!（ママ、かゆい、かゆいよ！）」と訴えてきました。掻いていて「もっと右」と言いたいときは「ワイツ、ワイツ」。right と言えずに wight と言っていたのですが、これは英語圏の子どもによく見られる現象で、R を発音できないと W の音になるそうです。その点が一緒なのは、興味深かったです。


たつやは5歳でインターに入り、学校でも英語漬けの日々を送ることになりました。

たつやの誕生から5年半後に生まれたせなも、英語で子育てをしたのですが、予想外だったのは、保育園に入ると日本語をたくさん話すようになったこと。保育園で話している勢いのまま、家でも日本語で話すようになったのです。

せなの日本語攻撃にたつやが負け、次に夫が負け、最後に私も降参しました（笑）。

そのため、家庭内での完全英語子育ては8～9年ぐらいで終わりました。

とはいえ、**英語の基礎を築くには十分な年月だった**のでしょう。2人はインターに入ってからも、外国人の先生や友だちと何の支障もなく、英語でコミュニケーションを取っていました。今度は学校では英語がメイン、家では日本語というようにシフトしていったのです。

I'm so glad you were born.

たつや9歳、せな3歳。けんかもするけど仲良し。たつやは英語でせなに話しかけていました。

夜眠る前も英語でおとぎ話を聞かせる

From こたせなパパ

「こたせなチャンネル」に妻が何回か登場していて、「いいなあ」と思っていたところ、僕にもやっと出演依頼が来た（笑）。

昔、ＤＪに憧《あこが》れていたので（と言ってもレコードをこすって回すヒップホップのＤＪではないが）、ラジオのＤＪスタイルで「Hi folks. I'm Wolfman Jack.（やあみんな、オレはウルフマン・ジャック。）」と渋い声で自己紹介したところ、子どもたちに爆笑された。

「仲の良い親子ですね」というコメントをたくさんいただいたけど、たしかに、わが家は仲が良いほうだと思う。２人の企画には、僕も妻もノリノリで協力しているし。

わが家では、学生時代に外国人とともに過ごす環境にいなかったのは僕だけ。

僕は普通の日本の家庭に生まれ育ち、日本の学校に通い、卒業後は英語講師の道に進んだ（詳細はChapter 3で）。子どもの頃、英語の曲に触れて英語にのめり込み、独学で学んだものの、ある点で限界を感じていた。

それは、発音とリスニング力。どんなに英語の曲や映画で勉強してもネイティブ並みの発音とリスニング力は身につかなかったので、「**もっと小さい頃に英語に触れたかった**」と、ずっと悔しい思いをしてきた。だから、子どもたちは生まれた瞬間から英語で育てようと決めていた。

もちろん、それだけではなく、2人には世界で通用する人材になってほしいという思いもあった。1つは「英語を話せる、理解できる」ということは世界に通用する仕事に就くこともできるので、キャリアの助けになる。もう1つは、できるだけ早い時期から外国人に接することによって、外国人との心理的な壁を取り払えるという理由だ。

僕は、中学生のときは身近にいた宣教師さんの家に遊びに行ったり、高校生のときは米軍基地の軍人に英語を教えてもらったりしたこともある。しかし、結局のところ、「外国人」という壁を感じてしまい、表面的なコミュニケーションしか取れなかった気がする。

心理的な壁があるとコミュニケーションが取りづらくなる。相手の言っていることがしっくりこなければ、相手との深いつながりを築きにくくなる。相手との壁が低ければ親友にもなれるし、深い関係にもなれる。たつやとせなの2人にはそうあってほしいと願い、0歳から英語に触れさせてきた。

英語で子育てをする前も、しているときも、「子どもたちが日本語を話せなくなったらどうしよう」と不安になることは一度もなかった。僕は根っからの楽観主義なのかもしれないが、「なんとかなるだろう」と思っていた。

2人とも1歳になる少し前から日本の保育園に通っていたので、朝9時から夕方5時まで、1日8時間も日本語に接していた。週末、おじいちゃん、おばあちゃんの家に1日中あずけていたこともある。

どちらかというと、僕と妻が朝と夜、「英語でめちゃくちゃ話しかけないと日本語に負けちゃうぞ」という気持ちだった。

「こたせなチャンネル」で、２人が子どもの頃に撮ったビデオを「絶対に笑ってはいけない兄妹の幼少期ビデオ」シリーズで紹介したことがある。そこには、若かりし頃の僕が、たつやとせなをお風呂に入れながら、「What are you doing?(何しているの？)」「I'm taking a bath.（お風呂に入ってるの。）」と簡単な英語を教えて、たつやが復唱している様子が映っていた。

3、4歳ぐらいになり物心がついてきた頃には、英語で物語を語って聞かせた。例えば、「三匹の子ぶた」や「ウサギとカメ」、「金の斧《おの》 銀の斧」などの道徳心を養えそうな童話を英語にして、夜寝る前のベッドタイムストーリーとして、繰り返し聞かせたのだ。たつやもせなも、興味津々《しんしん》で聞いていた。さらに、「ここに太陽があって、ここに地球があって、地球は太陽の周りを回っているんだよ」と、宇宙の話を英語でしたこともある。

今振り返ってみると、そういう体験を通して**子どもたちの想像力を伸ばしながら親子のコミュニケーションも取っていたんだな**、と思う。

#2 インターナショナルスクールでバイリンガルまっしぐら

こたつ　「オレらが行ったインターは幼稚園から高校までの一貫校だったから、ずっと同じメンバーだったよね」

せな　「そうだね。全体的に人数がとても少なくて1学年に1クラスだから、クラス替えできひんし。幼稚園から高3まで全員一緒」

こたつ　「とにかく、みんなが幼なじみ。周りの生徒は兄弟みたいな感じだから、青春や恋愛は全然できなくて、ずっと狭いコミュニティの中でグルグルしてた」

せな　「インターのいいところって、どんなところやろ？」

こたつ　「やっぱ自由なところやろな。学校に行くまでにコンビニで買い物して、それをランチで食べるとか。基本的に、規則はめちゃめちゃ緩かったよね。自由やったし、髪の毛染めていいし、そこら辺は日本とは真逆。そうした自由な環境で育ってきたところから、オレたちの性格が来ているのかな？」

せな　「せやな。今の自分に、めっちゃ影響している」

こたつ　「**縛られすぎず自己主張できたおかげで、やりたいことに対してためらわずに言葉や行動**

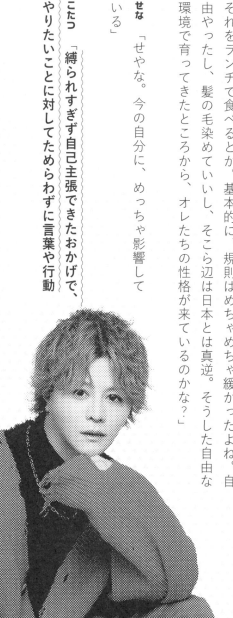

に移せた。自分の個性を出せるっていう意味では、インターって、めっちゃいいよね。インターで育つと自信家になるかも」

せな「私がインターでいいなって思うのは、日本の学校の勉強では暗記が多いけど、インターでは逆なところ。日本の学校では『泣くよ（794年）ウグイス平安京』とか言って年号を覚えるけど、インターでは『平安京が794年じゃなくて894年にできていたら、どういうことが起きていたと思いますか？』って質問される」

こたつ「めっちゃ、考えさせられたもんな」

せな「何年に都をつくったかということよりも、つくったことによって、その時代にどんな変化がもたらされたか？とか、人々への影響はどういうものだったか？ということに着目することで、**もっと本質的な知識を身につけられた気がするな**」

こたつ 「オレはインターには飽《あ》きを感じていて……。小学校のとき、インターの夏休み中に何回か日本の学校に通ったけど。生徒が多ければ多いほど楽しくて、ドラマもあって、いろんな思い出ができるんだよね。日本の高校の文化祭には参加したかったなあ。正直、インターの文化祭はしょうもなかった」

せな 「毎年同じようなことをやってたからね」

こたつ 「あと、インターは1クラスしかないから派閥ができるんだよね。たぶん、日本の学校よりは揉《も》め事は少ないと思うけど、オレは日本の学校よりインターのほうが精神面でも体力面でもきつい気がしたな」

せな 「インターに行っていると、どうしても自我が強くなるよね。どんな意見も尊重されるから、否定されることが少ない分、『自分は自分でいいんだ』という意識も芽生えやすくて、ぶつかりやすくなる」

こたつ「仲が悪い人は、ホンマに仲が悪いって感じやし。でも、インターのクラスは大学みたいに毎時間、授業が終わったら移動するやん？　毎回、自分が座りたいところに座るから、横に嫌いな人が来ても遠くに移ればよくて。距離を保てるのがいいのかも」

せな「もし、いじめられたら歯向かえるし。誰かに迷惑かかるから言わんとこう、ということがない。『こいつに今日、こんなこと言われてんけど、最低！』って言える環境かな。インターでは、隠れていじめることはあまりないかな」

こたつ「インターでは、**圧倒的にみんな違う文化を持っている**からね。それに対するリスペクトもあるから、陰湿ないじめは、あんまり見たことはないな」

せな「すべての学年の人を知っているから、仲が良い人が上の学年にもいたし。ずっと上とも下とも関わりを持てるから、深刻ないじめには至らないのかもね」

インターの歴史の授業で最初に教えること

私は大学で英語を教えていますので、インターの授業には興味津々《しんしん》でした。たつやとせなが「今日はこんなことを教わったんだ」と報告してくれますが、それは日本の学校の授業とはまるで違い、「そんなことをやってるんだ!」とまさに目からウロコでした。

例えば、中学生になって歴史を学び始めるときに、先生は生徒に対して最初にこう伝えるのだそうです。「私たちが習う歴史は勝者が語ってきたものだから、学んだことをまず疑う視点を持つことが大切だ」

これを聞いたときは感動しました。

歴史は検証が進むにつれて、それまで語り継がれてきたことがあっさり覆《くつがえ》ることもあります。先生が教えている内容も、必ずしも正しいとは限らない。なぜ、その出来事が起きたのか、本当にその説が正しいのか、**常に疑うことで、「自分の頭で考える」習慣が身についていく**のでしょう。

せなは、小学校6年生で、自ら希望してインターから日本の公立の学校に転校しました。最初は、小学校の1年間だけ通う予定でしたが、とても楽しかったようで、「このまま日本の中学校に行きたい」と言ったので、公立の中学校に進みました。その時点で、私と夫は「せなには、日本の学校システムのほうが向いているのかな」と思いました。

インターでもJapanese（日本語）の授業があったので、せなは日本語の読み書きもそれなりにできていました。しかし、漢字の学習は遅れていたので、日本の中学校に入学した当初は、国語、理科、社会で苦労していました。唯一、数学は教わる数式などが同じなので、授業でそれほど苦労しなかったようです。ところが、成績は伸びませんでした。なぜなら、日本の試験は暗記問題が多く、せなは苦手だったからです。インターの試験では、数学でも文章で説明させる問題が出題されます。カッコの中に暗記したものを書いていくという試験になじめず、かなり努力して勉強をしていたものの、日本の中学校では、英語以外の成績は「3」止まりでした。

せなは、結局、中2の2学期からインターに戻ることになりました。6月にたつやの高校の卒業式があり、久しぶりにインターの先生や友人たちと再会し、思うところがあったのか、「やっぱり、インターに戻る」と言い出したのです。インターでは2年半の遅れがありましたが、すぐに取り戻したようで、良い成績を取れるようになりました。同じ子どもでも、**学習方法の向き不向きで、成績がかなり左右される**ことを実感した出来事でした。

日本の英語の授業に関しては、せなによると、「小6のときに受けた英語の授業は楽しかったけれど、中1に上がった途端、嫌いになった」という友だちが多かったのだとか。それについて、せなは、「中学生になって一気に勉強の難易度が上がり、学ぶ内容が増えたときに、『なぜ、この教科を学ぶのか?』ということや、『この知識を得ると、どういう世界が広がるのか?』といったことを伝えていないからではないか」と分析していました。

「ただテストのために」とか「良い高校に行くために」という理由で勉強していたら、勉強がつまらなくても無理はありません。

たつやが小学校低学年のとき、メキシコについて学ぶ授業がありました。その授業では、メキシコに住んでいる同い年ぐらいの子どもに自分の似顔絵や手紙を送ります。相手から手紙の返事が来たとき、たつやは喜んで見せてくれました。リアルなコミュニケーションを通して、地図でしか見たことのないメキシコが実際に存在し、そこに住む人がどういう暮らしをしているのかを学ぶのが狙《ねら》いなのでしょう。授業でメキシコ料理を作って食べるなど、教科書からの情報だけではなく、実体験を通して違う国の文化を学んでいくことは、素晴らしいことだと感じました。

1つを極めるのではなく、いろいろなことを体験させる

インターの教育方針でユニークだったのが、**さまざまなことにチャレンジさせるところ**です。

日本の中学校なら同じ部活に3年間入り、スポーツではなくとも、1つの分野に特化するのが基本です。途中で部を変更するのも、あまりないですよね。ところが、インターでは1年間を4シーズンに分けて、最大4種類のスポーツを体験できるようになっていました。男子なら、バレーボール、バスケットボール、野球、サッカー。女子なら、野球の代わりにソフトボールがあります。4つのスポーツをすべてやりたい子は、春はバレー、夏はバスケというように、シーズンごとに違うスポーツに取り組むことができます。1つのスポーツだけやりたいなら、例えばサッカーシーズンだけ参加してもよいのです。

たつやも、せなも、子どもの頃からスポーツが大好きで運動神経も良かったので、クラブ活動ではスポーツを選び、４種類すべてのスポーツに参加していました。

私自身は日本の学校教育を受けて育ったので、最初は「1つのことを最後までやり遂げるのが大事じゃない？　いろいろやるとすべてが中途半端になってしまい、1つのことを極められないのでは？」と思っていました。でも、夫が「プロの選手になるのでなければ、いろいろなことを経験できたほうが子どもにとってはいいんちゃう？」と言うのを聞いて、「なるほど。そうかもしれない」と思いました。もちろん、1つを極めたほうがすごく伸びていたかもしれません。実際、たつやはサッカーがものすごく好きだったので、1年中サッカーをやりたかったようです。

ただ、**「合う」「合わない」を見極めるには、多くのことを経験することも大切**だと思います。その経験を通して、「自分はこれが楽しくて好き」というものを見つけられたら、本格的に学んでいけばよいのではないでしょうか。

2人ともインターに通って、伸び伸びと育ったのは間違いありません。インターが2人の性格にたまたま合っていたのだと思います。

習い事は、スイミングやピアノをしていましたが、塾には通いませんでした。塾に通わなくても授業にはついていけていましたし、クラスメートよりも良い成績を取らなければならないというプレッシャーもなかったように思います。そもそも、英語で他の教科を教える塾はありませんでしたし(笑)。せなは、日本の学校に転校したときに、公文(ＫＵＭＯＮ)で漢字を学んでいましたが、塾に通ったのはそれぐらいでした。

日本の学校とインターとで大きく異なる点は、留年があるかどうかです。日本の義務教育では基本的に留年はありませんが、たつやとせなが通っていたインターでは、その学年に必要な学力が身についていなければ留年することもありました。学力が不十分なまま進級すると授業についていけず、さらに遅れをとってしまう、という考え方に基づいているのかもしれません。

学校の先生とは友だちのように仲良し

インターで私が驚いたことの1つが、生徒と先生の距離感です。たつやにはとても仲の良い先生がいて、その先生の家に泊まりに行くこともありました。仲が良かったから先生は誘ってくれたのだと思いますが、「日本だったらあり得ないな」と思いました。

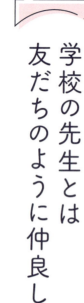

せなには、1つ年下の仲良しの友だちがいましたが、その父親が同じインターの先生で、せながその家にご飯を作りに行ったことがあります。その先生は、現在ベトナムに住んでいますが、今でも交流があり、せながベトナムに行ったときに、先生のお宅に泊めてもらいました。電話で友だちのように話しているのを聞くと、日本の学校と大きく違うと感じます。

日本では、先生が1人の生徒を家に招いたりしたら、「えこひいきだ」と保護者から非難の声が上がるかもしれません。自宅というプライベートな空間に生徒を招くことは、今の日本ではあまりないことなのではないでしょうか。

インターで先生と生徒の間に上下関係が少ないのは、英語という言語の特性も関係していると思います。英語には日本語のような複雑な敬語表現がなく、年齢に関係なく対等に会話できる言語だからです。ただし、丁寧な言い回しは英語にもあるので、その場に応じて適切な表現を使うことが求められます。

もう1つ、驚きのエピソードを紹介しましょう。

文化祭(2人が通っていたインターではFood Fair「フードフェア」と呼んでいました)では、毎年、おいしい手作りクッキーを販売することで有名な先生がいました。情熱を持って教育に取り組む素晴らしい先生で、たつやも小学生のときにお世話になりました。インターでは、小学生の教室は、「各クラス担当の先生が使う部屋」となっています。レイアウトも自由に変えられるため、机の並べ方や先生の机の配置もクラスごとに異なります。観葉植物がたくさん置かれている教室など、各先生の個性が見事に表れていました。

びっくり仰天だったのは、その先生は、文化祭の前になると毎年、自分の教室にオーブンを持ち込み、昼休みや放課後にクッキーを焼いていたことです！　保護者や学校側からクレームが出ることはなく、むしろ応援されていました。クッキーの売上が学校の資金に充てられていたことも影響していたかもしれませんが、日本の学校教育しか知らなかった私にとっては信じられない光景でした。文化祭前に学校を訪れたときに、廊下までクッキーの良い香りが漂っていたことを今も覚えています。

「Food Fair」といえば、もう1つ忘れられないアンビリーバボーな光景がありました。アニメの「スポンジ・ボブ」のイラストが描かれた顔出しパネル看板を使ったゲームがありました。お金を払って、濡れたスポンジを顔に当たるように投げるゲームなのですが、くり抜かれた部分から顔を出していたのは、なんとインターの先生たち！　何人かの先生が交代で「顔にスポンジを投げられる役」を担当していました。このゲームには外部から遊びに来た人だけでなく、生徒も参加できるのです。

日本の幼稚園でも先生が節分の鬼役をやることはあるので、それぐらいならまだわかりますが、みんなに嫌われている先生がそこから顔を出したとき、長蛇の列ができたのです。たつやとせなも、嬉々としてその列に並びました(笑)。「こんなことやって大丈夫なのかしら?」と思って見ていましたが、当の本人も怒ることもなく笑って受け入れていたので、懐の深さに感動しました。

その先生も、生徒に嫌われているとわかっていても、自分のスタンスを変えませんでした。みんなが「人は人、自分は自分」ということを受け入れているからかもしれません。

問題のある先生に対する対応も、日本の学校とインターとでは違いがあります。日本の学校では、問題のある先生への指導が行き届いていなかったと、学校側も責められる傾向にありますが、インターでは先生個人が責められ、責任を取らされるという個人主義。どちらが良い、悪いということはありませんが、子どもたちがインターに通うことによって、私自身も**いろいろな場面で教育の違いを経験することができ、視野が広がった**ことは間違いありません。

文化祭を見てインターに通いたくなった友人

私の友人の娘のキリちゃんは、元々日本の学校に通っていました（両親は日本人です）。キリちゃんは、たつやとせなが小さい頃からよく面倒を見てくれて、わが家にもよく遊びにきていました。キリちゃんは、2人からインターの話を聞いているうちに興味を持ったようです。私が「Food Fairに遊びにくる？」と誘うと、「行く！」と即答しました。

当日は、学校に1歩足を踏み入れたときから、驚きの連続だったようです。肌の色も、髪の色も、目の色も違ういろいろな国の生徒がいて、みんな生き生きしているので、「この学校、楽しそうでいいな」と思ったそうです。

キリちゃんが1人で人形劇を見ていたとき、当たり前ですが全部英語だったため、何を言っているのかさっぱりわかりませんでした。昔から演劇やミュージカルを見るのが好きで、ワクワクしながら教室に入ったのに、全然わからない。それがめちゃくちゃ悔しくて、**「私、英語がわかるようになりたい!」と、強く思った**のだとか。それが原動力となり、「インターに入りたい」という思いが強まり、猛勉強して、小学6年生の10月に転校することになりました。

インターに入るまでのキリちゃんの英語学習には、目を見張るものがありました。最初の3カ月は私が教えたのですが、アルファベットからスタートして1カ月で中1の内容、2カ月目には中2の内容というように、わずか3カ月で、中学校で学習すべき内容をすべて終えました。私はこれまで30年以上英語を教えてきましたが、今でもキリちゃんは「最速で英語を習得した生徒」です。「人間は本当にやる気になると、こんなにも速いスピードで学習できるんだ!」と驚いたことを今でも鮮明に覚えています。

英語を5年生で1から始めて小6でインターに入るのは、かなりハードルが高かったにもかかわらず、キリちゃんは見事にそれを成し遂げました。インターにもすっかりなじんで学校生活を楽しんでいたようです。卒業してからは、英会話学校で子どもに英語を教えていました。キリちゃんは、今は結婚して母親になり、英語で子育てをしています。

キリちゃんにとって、インターに転校したことが、まさに人生の転機となったのだと思います。Food Fairで今まで知らなかった世界に触れて、一気に世界が広がったのでしょう。インターの学祭に連れて行けば、すべての子どもがそうなるというわけではありませんが、キリちゃんにとっては、そこで自分が興味を持てることに出会えたことが幸運でした。

「何のために英語をやるのか」「英語ができたらどんな自分になれるのか」「どんな世界が広がるのか」という未来図を見せてあげられたら、子どもはきっと興味津々《しんしん》になります。大人が口うるさく言わなくても、自らやり始めて、「楽しくて仕方がない」と、やめられなくなるでしょう。そういう**環境を親や教育者がどれだけ与えてあげられるかがカギ**ではないでしょうか。

なお、キリちゃんのように英語がしゃべれない子どもでも入学できるインターもたくさんあります。

幼稚園や小学校なら、英語をしゃべれない生徒は、最初はＥＳＬクラス（“English as a Second Language”の略。母国語が英語でない生徒向けの英語のクラス）に入ることになります。そのクラスで英語を学びつつ、英語力はあまり関係のない音楽や体育などの教科は、最初から同学年のクラスメートと一緒に授業を受けることになります。

ただ、中学生以上になると日本の学校からインターへの転校は難しいかもしれません。当然ですが、全教科を英語で進めるので、かなり難易度の高い英語も理解できないと、授業についていけなくなるでしょう。

キリちゃんも最初の2年間はＥＳＬクラスでしたが、高校を卒業する頃には他の子と変わらないぐらいの英語力が身についていて、子どもの学習能力と適応力の高さを改めて感じました。

#3 日本の学校に全力で通ってみる

日本の学校で受けたカルチャーショック

せな「日本の学校のいいところは、『利他的』になることだと思う」

こたつ「おっ、いきなり賢そうなこと言うとるやん（笑）」

せな「インターって、どうしても他人を思いやることよりも、『自分が、自分が』という人が多くて。私もそういう部分が多かったんやけど、日本の学校に行くと、どれだけ周りと協調するか、どれだけ人との関わりを大切にするかということが大事になるっていうか……」

こたつ「せやな。集団行動が多いし」

せな「だから、**日本の学校では他人を思いやるということを学んだ。**日本のおもてなしの文化も学んだし、連帯責任とかも含めていろいろ学んだかな。その反面、個性がなくなるのも、めっちゃ実感した」

こたつ「あ〜、それはわかるわあ」

せな「私は英語と数学が特に得意だったけど、5教科のうち他の3教科ができなかったから、『英語と数学はやらなくていいから、他の3教科を頑張って、苦手科目から得意科目にしよう！』と言われて。不得意科目ばかりに目を向けさせられてん。そのうち、自分がどの科目が好きなのか、わからなくなった」

こたつ「日本の学校って、給食当番があるやん？　インターでは、1年生から6年生まで全員がカフェテリアや食堂に行って、自販機で400円払ってご飯を食べてたけど、日本の学校って『牛乳、1個しか飲めへんのかよ』みたいな。当番を誰がやるかとか、ほんま細かくて、少しでも大盛りにしたら怒られるし……」

せな「あった、あった。私は小6から中2まで日本の学校に行っていたから、よくわかる。中学校は小学校よりも規律や校則が厳しくて、『ルールは絶対』という感じがあった。1から10まですべてをルールで決めてやるってことを、それまでインターでやってこなかったから、そこが一番戸惑ったな」

こたつ「中学で謎《なぞ》ルールってあった？」

せな 「靴下を2回折らないとダメとか。風紀委員のチェックがあるときに、ハンカチとティッシュを持ってないと内申点から引かれるとか」

こたつ 「うわ、こまかっ。マジか〜」

せな 「『えっ、どう関係あるん?』ってお母さんに聞いたら、『まっ、日本はそういうもんやから』みたいな。私の疑問に共感してくれて、そういうロジックで返されたなあ」

You're doing great!

日本の中学校で、せなはソフトテニス部に所属。「キャプテンになってほしい」と先生に言われたそうです。

2人が日本の学校に行ってみたいと言い出したとき

From こたせなパパ

インターの夏休みは6月から8月まで約3カ月あって、しかも宿題が出ない。子どもにとっては天国だけど、毎日遊んでいてもさすがに飽《あ》きてしまう。そんなこともあり、たつやは夏休みに日本の小学校に体験入学することになった。これは、海外在住の子どもが夏休みなどを利用して日本の学校に一時的に通える制度で、神戸市の学校でも採用していた。

日本の学校が夏休みに入るまでの3〜4週間、近所の子どもたちに混じって、たつやは日本の学校に通った。おそらくクラスメートにとっては不思議な存在だったと思うが、特にトラブルもなく、3年間続けて体験入学を楽しんでいた。

それを見て、せなが「私も日本の学校に行きたい！」と言い出した。ところが、神戸市の方針が変わり、一時受け入れがなくなってしまった。それでも、せなの日本の学校に対する熱は冷めず、「それなら編入するしかないんじゃないか」という話になった。中学生になると勉強が難しくなるので、小学6年生で転校することにした。

2人とも適応力は高いので、日本の学校にすぐになじんだ。

当初、せなは1年でインターに戻る予定だったが、日本の小学校が楽しくて、中学校もそのまま日本の公立校に進んだ。しかし、中学2年生の半ばで、「やっぱりインターに戻る」という話になった。インターはその辺の対応は柔軟で、せなはすんなりと古巣に戻ることができた。

ちょっと深刻だったのは、たつやが高1になってから、「日本の高校に行ってみたい」と言い出したときだ。どうやらインターで周りの人とうまくいっていなかったようで、逃げたい気持ちがあったのかもしれない。インターは各学年で1クラスしかなく、クラス替えがなかったため、一度人間関係がこじれると大変だったようだ。僕は理由を根掘り葉掘り聞くこともなく、「わかった」と即答して、学校探しを手伝った。

8～10校の高校に電話して聞いてみたが、僕だけが話しても相手に状況は伝わらないと思い、「自分でもしゃべりなさい」とたつやに電話の受話器を渡したら、いきなりタメ口で話し出したので焦《あせ》った（苦笑）。インターでは先生にも敬語を使うことはなかったので、そのノリで話してしまったのだ。

日本では、失礼な若者を快く思わない。慌てて電話を代わり、たつやには「もう少し敬語を勉強してからかけ直そう」と言った記憶がある。

結局、どの学校にも断られ、転校を断念するしかなかった。本人も、そこまでしてダメだったので諦《あきら》めがついたのか、そのまま卒業するまでインターに通った。

高校探しをしているとき、「せっかくここまでインターに通ったんだから、最後まで通ったほうがいいんじゃないか？」と、たつやに言ったことは一度もない。中校生までインターに通ったら、仮にしばらく英語環境から離れたとしても、自分でまた勉強すれば十分追いつける。必要最低限の会話力、リスニング力、読み書きする力は確立されているので、日本語だけの環境になっても問題ないと思ったのだ。

例えば、小学校や中学校の段階で「転校したい」と言われていたとしても、本人が望んでいるのなら、そうさせたと思う。**子どもの進路を決めるのは、親ではなく子ども自身。その気持ちを尊重するべきだ**というのが、僕のポリシーだからだ。

たつやの高校卒業式。この後、せなは「インターに戻る」と言いだしました。

日本の学校は外から見ると不思議？

たつやが日本の小学校に通っていたのはコロナ禍よりずっと前でしたが、当時でも給食の時間にはおしゃべりが制限されていました。配膳されるのを待っている間は、誰もしゃべってはいけない。それも、マスクをして待っていないといけないので、たつやは「なんで？」と不思議に思いながら周りに合わせていたようです。たしかに、その行為に合理的な根拠があるのかと聞かれたら、大人も説明するのは難しいでしょう。

せなは、体験入学ではなく正式に日本の学校に転校したので、「大丈夫かしら？　周囲になじめるのかしら？」と多少心配していたのですが、初日から友だちをつくって一緒に帰って来たので、まったく問題はありませんでした。2

人とも、親が考えていた以上に、適応力は優れていました。

せなは、日本の学校に通っていた2年半の間、「もう学校に行きたくない」と言うことは一度もなく、毎日楽しそうにしていました。中学校ではテニス部に入部したのですが、そこでも驚きの連続だったようです。

日本の部活では、1年生は球拾いからだったり、先輩に「おはようございます」と大きな声で挨拶をしなければならなかったり。また、試合に出るのは3年生が最優先で、先輩が引退しない限り下級生は出場できないということが多くあります。でも、インターでのスポーツクラブ活動は、完全に実力主義です。たとえ入部したばかりの1年生でも、上手であればすぐに試合に出られます。先輩、後輩の上下関係もなく、みんなファーストネームで呼び合うので、友だちみたいな関係です。

みんなに等しく同じ経験を積ませるのがいいのか、年齢に関係なく実力勝負にしたほうがいいのかは、意見が分かれると思います。いずれにせよ、**子ども**

たちが楽しく取り組めることが一番大切ではないでしょうか。

インターでは、日本の運動会に相当する「スポーツデイ」というイベントがありました。

前述したように、2人が通っていたインターは1学年1クラスしかなかったので、小学校1年生から高校3年生までの縦割りで4チームに分けていました。上級生が下級生の面倒を見てくれたりして、みんなすぐに仲良くなります。上下関係がなくなるのは、こういう環境も影響していたと思います。

「スポーツデイ」は、競技場を借りて開催されました。集合時間はありますが、全員がグラウンドに集まって整列したり、「前へならえ！」をしたりすることはありません。ランチも、お弁当の子もいれば、競技場の売店で買って食べる子もいます。日本の運動会のように、1カ月も前から連日、組体操の練習をして、入退場の行進も練習して……といったこともありませんでした。

たくさん練習して、完璧に準備してから披露する日本の運動会。楽しむことを主な目的としたゆる〜いインターの「スポーツデイ」。どちらにも良い面はあると思いますが、せなは「両方体験できてよかった」と、今でも言っています。

「2人をインターに通わせてよかった」と、今でも心から思いますが、楽しいことばかりでもありませんでした。たつやはクラスメートと大ゲンカして、学校から呼び出されて反省文を書かされ、自宅謹慎になったこともあります。インターはそういう場合は、子どもであっても、大目に見てはくれません。**自由な反面、個人に責任を取らせる**のもインターの方針です。私も子どもとの向き合い方で大いに勉強になりました。

We had a lot of fun today!

インターの「スポーツデイ」。2人ともスポーツは得意で、毎年張り切っていました。

#4 英語ができると世界はこんなに広がっていく！

英語で「世界は平等」だと学べる

せな 「『英語が得意な日本人あるある』って、何かある？」

こたつ 「カラオケで歌うときに『タチツテト』を、めっちゃ強調してしまうところかなあ。timeのTをありえへんぐらい強く言うとか」

せな　「私は『否定しない人』が多いと思うな。英語がしゃべれるバイリンガルは表現豊かで自信家で、フレンドリーな人がめっちゃ多いよね。英語がしゃべれて、暗い感じの日本人ってあまり見たことないかも」

こたつ　「たしかに。感情表現も、日本語を使うときよりスキンシップが強めになる。だからオレらは距離が近いし」

せな　「レジに並んでいるとき、たつやは前に並んでいる私の肩ぐらいまで顔を近づけてくるから、振り返って『うわっ』ってなる（笑）」

こたつ　「関西人のせっかちさも相《あい》まって、オレは相手との距離が近いと思うわ。パーソナルスペースが狭い」

せな　「否定しないのは、ある程度の正解や

不正解はあったとしても、**自分にとっての正解が相手にとっての正解であるかどうかはわからない**からやろな。外国人と関わっていると、『何でもいいじゃん。この世の中、自分らしく生きていこうよ』みたいな感じになる」

こたつ　「外国人は、『まあ、そういう考え方もあるよね』って相手の意見が違っていても受け入れるからね。国によって言葉も文化も違うし」

せな　「宗教の違いもあるしね。神様は1人という国がある一方で、日本では『八百万《やおよろず》の神』とか言うし。それに、英語には日本語ほど敬語がないからね。2人称の代名詞がyouしかないこと自体が、みんな平等であるって示していると思う」

こたつ　「日本語だと『あなた』『お前』『君』とか、youだけでもこれだけいろいろな表現があるし」

せな 「それがあることで、上下関係ができるのかな。日本語自体が、上下関係、年齢、立場に応じて使い分けないといけない言語である以上、そういう意識が無意識に生まれてしまうんじゃないかな」

こたつ 「いろいろ、深いことを考えてんね」

せな 「逆に、英語は敬語がほとんどないから、人間は平等な横社会なんだという意識が自然と生まれる」

こたつ 「オレらは、そういうことをインターで自然と身につけたんやな」

「英語を話せてよかった！」と思うとき

こたつ 「今さらやけど、『英語を話せてよかった』って思うとき、ある？ オレは、日本人が日本語でしゃべってるときに、オレら2人で『あいつ、だるいな』って英語で話せるのは便利かなって（笑）。２人だけで意思疎通《そつう》できるのはめっちゃ強いなって思ってる」

せな　「それを言っちゃったら、みんなに警戒《けいかい》されるで。『あっ、今、２人で英語で話してるけど、私の悪口、言ってんちゃう？』とか」

こたつ　「まじめな話をすると、英語を話せて良かったと思うのは、**困っている外国人がいたら、すぐに助けに行ける**ことかな」

せな　「『こたせなチャンネル』で動画を撮っているときも、そういう場面あったよね」

こたつ　「あるある。お母さんとオレとでレストランで食事しているとき、外国人観光客がうまくオーダーできなくて困っていたから、『Shall I help you guys？（よかったら手伝いましょうか？）』って聞いて、店員さんと観光客の両方の通訳をしたことがあった」

せな 「あの回は、めっちゃバズったよね」

こたつ 「外国人とコミュニケーションが取れるのは、ほんまにプラスしかない。「英語もしゃべれる」という武器があるのとないのとでは全然違う」

せな 「私は、日常的なことでは、やっぱ人間関係で揉《も》めたときかな。さっき、文化ごと、個人ごとに何通りもの正義があって価値観があるって話したやん? 英語を話せることで、**『世界には限りなくいろんな文化がある』というように物事を見られるようになった**かな」

こたつ 「なんか真剣に語ってんな。どうした?」

せな 「うるさいな(笑)。『牛は神の使いだから食べてはいけない』という宗教もあれば、カニバリズム（人を食べること）を正しいと思う民族もあるし。『世界で統一された正しさや誤りはない』ってしっかり骨の髄《ずい》まで感じてる」

こたつ「それな、インターでめっちゃ磨かれた」

せな「何て言うのかな。私の世界は白、黒、グレーの3色というより、虹色みたいになった。この価値観を持っていると、何事も腑《ふ》に落ちやすいし、コミュニケーションが取りやすくなるんよ」

こたつ「色のたとえ、ええな」

せな「人間関係で揉《も》めるときって、自分の価値観が正しくて、相手の価値観が間違っていると感じることが発端であることが多い気がする」

こたつ「ホンマにそのとおりやな」

せな 「それを、どっちが黒、どっちが白とかではなく、『なるほど、あなたはピンクで私は黄色なのか』って、ただ相手を受け入れるというか。単に『違い』と認識するスピードが早くなったんだよね。『そっかー、ピンクか!』と理解して、相手から離れるのか、それとも一緒にいるのかを自分で決断するだけ、みたいな感じ」

Shichi-Go-San Festival

せなの七五三のお祝いで祖父母と一緒に。2人ともおじいちゃん、おばあちゃんが大好き!

英語は多様性を受け入れやすい

「言語と文化は密接に結びついている」と、英語を本格的に学ぶようになってから、私も実感するようになりました。

日本は島国で、単一民族国家で、言語も日本語だけで通じます。だから、「同じであることが当然で、それが素晴らしい」という考えが根づいていて、それが行きすぎると同調圧力みたいになります。

欧米は多民族国家が多く、1つの国の中で複数の言語が飛び交うこともあるので、「相手とはわかり合えない」というところがコミュニケーションの出発点になります。日本のように忖度《そんたく》してもらえないので、自分の意見をしっかりと伝えなくてはなりません。同時に、相手の考えも聞かないとわからないので、しっかりと耳を傾ける。幼い頃から異なる背景や価値観を持つ人々を見て育てば、**自然と多様性を受け入れるようになる**でしょう。インターはその世界を凝縮したようなものです。

子どもたちが通っていたインターは、欧米人やインド人、韓国人、中国人と、日本にいながら多国籍の人たちと触れ合えて、自然に異文化に触れることができました。だから、世界は日本だけではないのだと、小さいときから理解していけるのです。

校則についても、多国籍ゆえに日本の学校とかなり違う点があります。例えば、乳幼児からピアスを開けるのが文化的に一般的な国もあるので、インターでは「ピアスをしてはいけない」という校則は作れませんし、髪の色もみんな違うので「髪の毛を染めてはいけない」という校則もありません。

多様性を教科書で学ぶのではなく、生活の中で自然と身につけていくことができたのは、2人にとって何にも代えがたい経験だったと思います。

せなが高2のとき、スポーツ委員会の会長を務めました。あるとき、先生がステージに登場するショーがありました。そのとき登場したのは、新任の先生と事務局スタッフのゲイカップルでした。2人で仲良く踊っている姿を見て、生徒たちは自然に声援を送り、ジェンダーの壁を感じさせない光景でした。

インターに通わなくても、「みんな違うことが当たり前」という環境に子どもの頃から慣れておくことは、グローバル社会で生きるうえで大切ではないかと思います。**広い視野で物事を見る力は、今後ますます必要になっていく**でしょう。海外メディアの報道には、日本では扱われない話題も多く含まれています。こうした外部の視点を知ることで、多角的な視野が養われます。

英語ができるから海外の報道に興味を持てるということもありますが、多角的に見る教育の影響も大きいでしょう。

子どもたちが小さな頃、「Individuality（個性）」という歌を習い、よく歌っていました。「みんな違ってそれでいい。自分の個性を大切に」という内容です。日本の子ども向けの歌では、こうした歌詞はあまり見かけない気がします。

子どもの頃から、人種が違うと髪の色も目の色も違う、言葉も文化も考え方も違う、でも、それは素晴らしいことなんだと歌で覚えると、それが潜在意識に根づき、自然と互いに認め合うようになれるのだと思います。

世界中に100人の友だちをつくろう

今は翻訳ソフトやアプリが進化して、「外国語が出来なくても大丈夫」という声も増えています。実際、私も英語の文献をたくさん読まないといけないときなどは、翻訳ソフトを活用しています。複数ページを瞬時に翻訳するAI技術は本当に驚くべきもので、時間効率もよく、とても便利です。

私は海外の学会にもよく行きますが、以前は英語ができないと発表者の発言を理解できないので、英語ができる人しか参加していませんでした。しかし今は、同時翻訳アプリがあるので、英語ができなくても大丈夫なのです。これは素晴らしいことで、今後、英語が不得意な人が国際学会に参加する機会がさらに増えていくでしょう。

しかし、対面でのコミュニケーションの場合は少し話が違います。翻訳ソフトを使うと、タイムラグが生じ、ジョークを瞬時に理解できないので笑えない(笑)。対面でのコミュニケーションは、言葉や内容だけでなく、相手の表情やジェスチャーなどの視覚情報や、声の大きさやトーン、速さ、口調などの聴覚情報を含めて行われます。翻訳ソフトを使うと、このような非言語コミュニケーションが抜け落ちる確率が高くなります。リアルタイムのコミュニケーションのほうが会話が弾み、相手との距離も縮まります。何よりも自分自身が、そのことを楽しむことができます。

私は子どもの頃、**英語ができれば世界中に友だちができる**と思っていました。20代になってから、「世界中に100人の友だちをつくろう」という目標を掲げたこともあります。「どこの国に行っても、友だちがいたら案内してくれていいよね。その友だちが日本に来たら、日本を案内してあげられるし」という、他愛のない考えではありますが……。世界中にそういう友だちがいたら楽しいだろうな、とシンプルな考えで英語を学んできました。

たつやが2歳のときに、家族旅行でオーストラリアのケアンズに行き、同世代の子どもを連れた現地のファミリーと仲良くなりました。それからずっと、クリスマスカードのやりとりをしています。そういう関係性ができていくのは素敵ですよね。英語は、そういう可能性を広げるコミュニケーションツールです。

海外に行かなくても、今はインバウンドで日本に来る外国人が大勢いるので、街で困っている人を見かけたら「Can I help you?（何かお手伝いしましょうか？）」と躊躇《ちゅうちょ》なく話しかけられるといいですね。そうすることで出会いや交流が始まり、「ありがとう。じゃあ、私の国に来たときはぜひ遊びに来てね」と誘われることがあるかもしれません。

実際、私はそういう経験があります。イギリスの国際学会で出会った人と意気投合し、「スペインに住んでいるから、スペインに来るときは連絡してね」と言われて、実際に遊びに行きました。そして、家に泊めてもらい、いろいろな場所に連れていってもらいました。それ以来、国際学会では同じホテルに泊まり、一緒に観光をする仲になり、彼女とは今でも定期的にZoomで連絡を取り合っています。

フィンランドでも同様に、国際学会で出会い、意気投合した友人がいます。フィンランドで学会が開催されたとき、彼女にヘルシンキの街を案内してもらい、自宅でディナーをごちそうになりました。

英語ができて一番良かったと思うのは、このように、海外にも多くの友人ができたことです。異なる文化や習慣を持つ人々と、日常会話を超えた深い話をすることが、私は大好きです。自分の視野や世界が広がり、人生がより豊かでカラフルになったと感じます。ですから、学生たちにも「英語ができると世界が広がるよ！」と伝えています。

英語が素晴らしいコミュニケーションツールであることは間違いありません。私が20代のときに立てた「世界中に１００人の友だちをつくる」という目標は、もうすぐ達成できるかもしれません。

2023年、バンクーバーで開催されたポジティブ心理学国際学会に参加。ポスタープレゼンテーションの様子。

こたせな家では英語でケンカ？

せな「やっぱ、英語のほうが伝達スピードは速いよね。日本語は、最後まで聞かないと何を言いたいのかわからない場合があって」

こたつ「むっちゃ、わかるわ」

せな「例えば、『今、SNSですごい話題になってる、イチヂクとメロンがたくさん入った抹茶パフェは好きじゃないねん』って、日本語では否定が最後に来るやんか。でも、英語はI don't likeの時点で『嫌いなんやな』とわかる。会話スピードが早いから、感情が伝わりやすいのは英語のほうかな」

こたつ「それもあって、うちらがケンカをするときは、英語半分、日本語半分やし」

せな　「日本語だと、どうしても遠回しな表現になっちゃうから、強い感情が出るときは英語のほうが伝えやすいよね」

こたつ　「『こうこうこうなるって言ったじゃん』までは日本語。その次の『だってこうこうこう、こういう理由があるからでしょ』は英語。ケンカをしているときは、英語と日本語が1文ずつ混ぜこぜになる」

せな　「傍《はた》から見ると、なんで急に英語？って、感じやろな」

こたつ　「なぜ英語と日本語を交互に使っていくかと言えば、**たぶん言語を変えることによって、相手がそれを聞き入れる確率が全然違う**からやろな。日本語でずっと怒っていて、急に英語になったら、新鮮な気持ちでそれを聞ける気がして。だから、『これを伝えたい！』と思ったら、英語でしゃべってる」

せな　「私は無意識かなあ。表現の仕方として、ここは英語のほうが感情が乗りやすいとか。自分の感情が乗りやすいから英語で言っているだけで」

こたつ「お母さんと言い合いになったとき、お母さんが英語に変換する言葉があるやん。『Listen!（聞きなさい！）』って」

せな「そうそう。そこだけ急に英語になる！」

こたつ「あれも、英語に切り替えることで、『あっ、ここからまた聞かなあかん』って思える」

Chapter

2

こたせなファミリーは「保証された無人島」である

#1 濱田家のルールは「自由だけど、自分でレールを敷いていく」こと

濱田家の子育ては「保証された無人島」

こたつ　「お母さんもお父さんも、オレらが小さいときからやりたいことはやらせてくれたよね。自由にやらせてくれた分、手助けはなかったやんか。良い意味でも悪い意味でも、**甘えられるような環境ではなかった**って思う」

せな　「もちろん、基本的には、めちゃめちゃ私たちの世話をしてくれたけど、それ以上に**自分たちで決めることが多かった**よね。放任主義みたいな」

こたつ　「うちは『保証された無人島』みたいな感じやな。絶対に死なない無人島に置かれているみたいな」

せな　「わかる。保証されているから何してもいいし。でも、無人島やから、自分で1から築き上げないといけないんだよね」

こたつ　「何をしても絶対に死なないってわかってるんやったら、自分たちは次に進めるやん？　**信頼感があったから行動力もついた**っていうか」

せな　「だよね。レールが敷かれているわけじゃないから、**自分たちでいかにレールを敷いていくか**というの

が他の家と全然違うなと思ってた。今思うと、そこが自分の自信につながっているのかな」

こたつ　「それも、子どもの頃から自力でレールを敷かなあかんかったし」

せな　「**文句を言われない分、自分から動かないといけない。**勉強しろとかも、言われたことはない気がする」

こたつ　「そうそう」

せな　「インターには、異次元レベルのお金持ちもおったやん？　親が企業の経営者で船を持っていて、そのツテで船でパーティーをしたとか。わが家の場合は、船でパーティーをしたかったら、自分たちで電話して、どこの船が一番安く借りられるか調べるって感じだよね」

こたつ　「でも、それで『何でうちだけ？』とは思わなかったかな。しゃあないな、みたいな感じ」

せな　「受験に関することも全部自分でやって、『終わったよ』と言ったら、『あっ、そうなん』って感じで。後日、『受かった』って報告したら、『おめでとう！』と言われて……。振り返ってみると、『これ全部自分で調べてたんや』って思って」

こたつ　「全然、受験生の親っぽくないやん。『最初のステップは助けるから、あとは行ってこい！』みたいな。**手に入れたいもんは、自分で手に入れるのがうち流**だよね」

せな　「だから自立できたんやって思う。ちゃんと自立しないといけないところはできて、そのうえで親の愛もしっかり感じてたよ」

「主体性」の育て方

私はアメリカにしか住んだことがないので、他の欧米諸国のことはわかりませんが、アメリカは個人主義が強く、それが人間関係にも反映されています。例えば、私が落ち込んでいるとき、アメリカ人の友だちは「マユミ、何かあったの？　もし話したければ、いつでも聞くからね」と声をかけてくれました。私が相談したいと言わない限り、それ以上は踏み込んで来ません。その距離感が日本とは全然違うと感じました。

これは子どもとの関係でも同じです。アメリカでは、子どもを1人の人格として対等に扱う傾向が強く、「どうしたの？　何があったの？　〇〇じゃないの？　ママが〇〇してあげようか？」と根掘り葉掘り聞いたり、頼まれる前に親が解決策を考えて何かをしてあげたりすることは、日本よりも少ないように感じます。まず、**「あなたはどうしたいの?」と問いかける**ことが多いです。

子どもたちは主体性や個性を尊重して育てられるので、それが自己肯定感の高さと関係しているのかもしれません。内閣府の「我が国と諸外国の若者の意識に関する調査(2023年)」によると、「私は、自分自身に満足している」と答えた日本人は57・4%。それに対して、アメリカ人は73・2%でした。

たつやが、わが家の子育てを「保証された無人島」と言ったとき、実はかなり驚きました。自分ではそんなつもりはなかったのですが、アメリカでの経験が影響して、無意識のうちに主体性を持つような育て方をしていたのかもしれません。

私は、せなにもたつやにも、「勉強しなさい」と言ったことはほとんどありません。せなは、何でも自分でやる子だったので、私があれこれ言う必要はなかったのです。実は私も、夏休みの宿題は計画を立ててさっさと終わらせるタイプだったので、私の性格を受け継いでいるのかもしれません。たつやも、小学生の頃は、「宿題は学校でやってきた」と言うタイプの子でした。

私は幼稚園児の頃にヤマハの音楽教室に通い出しました。6年生のときに、両親とピアノの先生の間で、私が音大を目指す話が持ち上がりました。でも、私は子ども心に「こんなに早く自分の人生を決められたくない！」と思い、「嫌だ！」と拒否しました。その後、しばらくして、ピアノはやめました。当時は、「両親が決めた道には絶対進みたくない！」と思っていたのかもしれません。高校を選ぶときも、親や先生が望んでいたのとは別の学校に進学しました。こうして考えてみると、たつやの自分のやりたい道を行くところは私に似ているのかもしれないですね（笑）。

私も夫も、**子どもたちが小さい頃から「どうしたい？」と2人に聞く**ようにしていました。

せなが小学校に入学する前、たつやと同じインターに入るのか、日本の学校に行くのかという選択肢がありました。私自身は、たつやがすでにインターに通っていて、2人分の学費を払うのは正直、大変だったので、「絶対にインターに入れたい」とは思っていませんでした。しかし、せなに聞くと、「キリがいるからせなもインターに行きたい！」とはっきり言ったため、彼女の選択を尊重しようと思い、覚悟を決めました。

5歳ぐらいの子どもに進路を決めさせるのは、「さすがに、やりすぎでは？」と思う方もいらっしゃるかもしれませんが、せなは、はっきりと自分の意思表示をしたので、**「それなら希望どおりにさせてあげたい」と思った**のです。

She's so focused.

せな1年生。保育所からインターに入学。新しい環境にもすぐに慣れて、英語もどんどん話せるようになりました。

お互いを尊重する家族にしたいなら

From こたせなパパ

「こたせなチャンネル」では、視聴者から「兄妹2人が仲良くてうらやましい」というコメントをよくいただく。ただ、たつやが約束をすっぽかしてせなが激怒することもあるし、普通に兄妹ゲンカもよくしている。それでも、それぞれが自分のやりたい仕事をするために頑張っているところは、尊重し合っていると思う。

たつやが「フォーエイト48」のメンバーと動画に出演していたとき、「せなにはいいところがあるから、オレは尊敬している」と話していた。せなも、たつやのドラマ出演が決まったときに、「やっと夢が叶《かな》ってきたやん」と動画で言っていた。

そういう互いを尊重する姿勢は、僕らが「兄妹で助け合わなきゃいけないよ」

と教えたから生まれたわけではない。僕と妻が互いに尊重し合っている姿を見て、自然とそういう発想が身についたのかもしれない。

今は共働き夫婦は珍《めずら》しくないが、僕らの若い頃は多くはなかった。妻が働いているときは僕も子どもたちを保育園に連れて行っていたし、家事もできるだけ分担していた。そうやって親が助け合っている姿を見て育てば、子どもたちもそうするようになるのではないかと思う。

お互いに足りないところを補完し合いながら協力する。自分も努力をするし、相手も努力をする。そうすると、1の努力と1の努力で2になるのではなく、3以上になるのだ。それぐらいのパワーが生まれる。

僕と妻は、2人に対して、常日頃「お前は天才や」と言っている。僕は、自分に対しても人に対しても、そういうことをすぐ言うタイプで、自分のことも「天才や」と思っている（笑）。何より、そのほうが楽しく生きられるのは間違いない。子どもたちと英語で話すときは、「You are a genius!（お前は天才だ！）」「I'm proud of you.（お前を誇《ほこ》りに思うよ。）」といった褒《ほ》める表現をよく使う。

やりたいことは何でもやらせてあげる

From こたせなパパ

子どもには自由に、本人の希望どおりにさせてあげたい。この気持ちは子どもたちが小さいときから持っていた。例えば、たつやとせなが、もし「同性の人と結婚する」と言っても、反対することはない。2人が幸せだったら喜んで祝福する。これは25年ぐらい前からずっと言っていることだ。僕も、親には何も言われてこなかった。子どもを自由にさせるのは、親の影響かもしれない。

自主性というのは、好きなこと、得意なこと、いろいろなことに自由にチャレンジしたり、経験したりするなかで育っていくものだと思う。好きである限りは、そのままやらせて、興味がなくなったらやめてもいい。「せっかく始めたんだから、もうちょっと頑張れ」じゃなくて、そこでストップ。嫌々やることは、ほとんど身につかないだろう。

例えば、たつやには4歳から空手、小学校からはテニス、ゴルフ、ピアノをやらせてみた。僕はテニスとゴルフと楽器が好きだから、たつやにも「やってみる?」と勧めたのだ。だけど、どれも長続きせず、長く続いても3年程度。たつやが一番好きだったのは、小5から始めたサッカーだった。僕はサッカーをしたことがないけど、たつやが「サッカー好きやからレッスン受けたい」と言うので、「じゃあ受けー」と車で練習に連れて行った。

子どもは自分で好きなことを見つけるものなのだ。好きだったら子どもは止めてもやるので、得意なものをどんどんやらせて、どんどん褒《ほ》める。そうすると自主性が培《つちか》われていく。

好きになれなくて、それと決別して違う方向に行ったとしても、今度はその方向に後押ししたほうがいいと僕は思っている。それは、「子どもの可能性を信じる」ということなのかもしれない。

子どもをどう育てるべきか迷ったときは、自分が親にしてもらって嬉しかったことをしてあげたらいい。逆に、子どものときに自分がされて嫌だったことはしないようにする。それだけで十分だと思う。

子どもたちには、さまざまな経験をさせたくて、2人が小学生のときに1カ月間アメリカを旅行してカリフォルニア、アリゾナ、ユタを車で巡った。この1カ月の経験は2人にとって刺激的だったようで、今でも「アメリカにいたときに、ずーっと聞いてた英語の曲がある」と言っている。

環境さえ与えれば、子どもは自然と吸収していく。それは言葉も同じだ。英語を勉強すると、表面的にしか見えていなかったものが、言葉を理解することによって文化や歴史をより深く知るきっかけになる。そういう意味で、日本語だけでなく、英語や他の言語を学ぶことは非常に価値があると思う。

たつや11歳、せな6歳。セドナにて。滞在したホテルでは、アメリカ人の子どもたちに遊んでもらっていました。

長所と短所はコインの裏表

「こたせなチャンネル」を見てくださっている方の中には、「うちの子も、こたせな兄弟のようになってくれたらいいな」と思っている親御さんもいらっしゃるようです。わが家も、今はたつやとせなが独立してそれぞれ自分の道を歩んでいますが、そこに至るまでにはいろいろな出来事がありました。親子げんかをすることもありましたし、子育てで苦悩することもありました。

子育てを振り返って今思うのは、**子どもに対して過度の期待をしないほうがいい**ということです。親が子どもに対して「こうなってほしい」という気持ちを強く持ちすぎると（特にそれが親のエゴから来ている場合は）、その思いを子どもに押しつけてしまいがちです。

子どもの性格に対してもそうです。例えば、人見知りで引っ込み思案なお子さんを見て、「将来が不安。もっと、積極的になってほしい」と感じることがあるかもしれません。ですが、引っ込み思案も立派な個性です。長所と短所はコインの裏表。視点を変えると「引っ込み思案＝慎重《しんちょう》」ということです。「飽《あ》きっぽい＝好奇心旺盛《おうせい》」「わがまま＝自主性がある」「マイペース＝周囲に流されない」「消極的＝謙虚《けんきょ》」など、見方を変えると良い面が見えてきます。個性を無理に矯正《きょうせい》すると、短所だけでなく長所も失われかねません。

性格は、成長とともに変わることもあります。たつやは、幼い頃から人見知りせず、何でも「はい！　はい！」と1番に手を挙げる積極的なタイプで、せなは、どちらかというとシャイでした。「こたせなチャンネル」でも、幼少期のビデオの中で、せながもじもじしている場面があります。それが今では、どんどん前に出ていく性格になっています。

子どもはいろいろな経験を通して成長し、考え方や性格も変わっていくものです。**その子の個性を尊重し、長い目で見守ることが大切**ではないでしょうか。

英語で子育てをしていると、自然とポジティブな声かけが増えていた気がします。欧米では「褒《ほ》める」文化が根づいており、「褒める」こと、「認める」ことが重視されています。日本の「謙虚《けんきょ》が美徳」とは対照的で、人前でも「僕は息子のことを本当に誇《ほこ》りに思っているよ！（I'm very proud of my son:)）」と言うのが普通です。日常生活でも褒め合う頻度《ひんど》が高く、私がアメリカに住んでいたときも家族同士の大げさな褒め合いに驚いた経験があります。

アメリカなどでは、子どもに「あなたはどれだけダメか」と伝えることはほとんどなく、「あなたのどこがどれだけ素晴らしいか」を伝え、その長所を伸ばそうとします。

アメリカで柔道教室を開いた日本人が、親御さんから「あなたは、うちの子に厳しすぎる。もっと良いところを褒めてほしい」と言われたという話を聞いたことがあります。日本では厳しい指導が当たり前の武道でも、海外では受け入れられないことがあるようです。インターの親御さんも、「○○ちゃんはこうなのに、なんであなたはできないの？」と比べることはあまりなかったように思います。

そもそも、アメリカなどの多民族国家では、「みな違うことがよし」とされる文化が根づいています。そのため、子どもが自分らしく個性を伸ばすことが最優先で、他の子どもと比較すること自体が少ないのでしょう。この考え方はインターの教育にも反映されていました。たつやもせなも、クラスメートより成績が悪いからといって、劣等感を抱くことはなかったようです。長所も短所も「個性」としてポジティブにとらえるのが、「みんな違って当たり前」の精神なのでしょう。

We loved Elmo!

USJにて。たつやもせなも、「セサミストリート」が大好きでよく見ていました。

自由だけど甘すぎない濱田家のルール

From こたせなママ＆パパ

「何事も自分で決める自由」をモットーにしている「保証された無人島」の濱田家ですが、子育て中にはそれなりにルールがありました。

ルール①：夕食のときはテレビを消す（こたせなママ）

夕食のときはテレビを消し、できるだけ家族で会話をするようにしていました。私たち夫婦は共働きで、子どもたちと過ごす時間が限られていたため、親子でコミュニケーションを取る時間を確保したかったのです。そのときも、もちろん英語で話していました。

ルール②：悪いことは「悪い」と諭《さと》す　（こたせなパパ）

「自由とわがままを履き違えている」という言葉がある。その境界はあいまいだが、「自由にやりたいことをやる」ことと、「やりたい放題やる」ことは、まったく別のこと。悪いことは「悪い」と教え、諭さなくてはいけない。人に迷惑をかけたり、人の気持ちを傷つけたりするのは言語道断。ただ頭ごなしに「ダメだ」と叱っても子どもは納得しない。そのため、たつやにもせなにも、1つ1つ「なぜいけないのか」を丁寧に言い聞かせるようにしてきた。

ルール③：夜更《よふ》かしはしない　（こたせなママ）

小さい頃は夜更かしをさせないよう、「ベッドタイム」と名づけて、決まった時間に寝かせていました。これは、子どもの身体の成長に関係するからでもありますが、私たち夫婦の自由時間を確保するためでもありました。2人とも寝つきがよく、あまり苦労はしませんでした。保育園で1日中思いっきり遊んでいたので、家に帰ると晩ご飯を食べてお風呂に入ったら、すぐに寝るという流れでしたね。

ルール④：自信を持たせる　（こたせなパパ）

せなが5、6歳の頃、ベッドの上で腹筋をしていたことがあった。最初はうまくできなかったが、「『I can do it!（私ならできる）』って言いながらやってみなさい」とアドバイスをしたところ、腹筋ができるようになった。自信を持つことで何事もより力を発揮できると考え、常に「I can do it.」って言いなさいと教えていた。

親は子どもの可能性の芽を摘む存在であってはいけない。子どもは大げさに褒《ほ》めるぐらいがちょうどいい。子どもに自信を持たせてあげるのが親の大事な役割だ。

子どもの頃はよく3段肩車をしてもらっていました。

たつやがゲームにハマっていたとき

From こたせなパパ

たつやは中学生のとき、パソコンのゲームで人とつながり、夜遅くまでゲームをしていた。名前はわからないが、チームで一緒に戦って敵を倒していくゲームだったと思う。その年頃の子どもがゲームにハマるのは珍《めずら》しいことではないだが、僕は2つの理由でそれをよしとは思わなかった。

1つは、夜遅くまでゲームをしていると身長が伸びにくくなるから。きちんと睡眠を取らないと身体の成長に悪影響が出る。育ち盛りだからこそ、睡眠は大事だ。

もう1つは、ゲームの中で人を殺すのは精神的によくないと思ったからだ。大人なら分別がついて問題ないだろうが、子どもには、どのような影響があるかわからない。「子どもがやりたいことをやらせる」というポリシーだったが、あまりにもハマりすぎているのではないかと心配になったのだ。そのことは、たつやが中学生になったときにも話したが、あまり聞き入れてくれず、ゲームを続けていた。しかし、高校生になると、自然とゲームをやらなくなった。

子どもが夢中になっていることを親が矯正《きょうせい》するのはなかなか難しい。かといって、パソコンやゲームを取り上げようとは思わなかった。最終的には本人の意思を尊重すべきだと考え、無理にやめさせるのは違うと思ったのだ。本人が自分で決めてやめるまで、親は根気よく待つしかないだろう。

今、たつやは自分のチャンネルでゲーム実況をすることもあり、そこで好きなことを生かせている。結果的に、あのとき強引にやめさせなくてよかったと思う。

自分が子どもの頃、大人は完璧な存在だと思っていたが、**自分が親になってみると、大人もたくさん失敗するもの**だとよくわかった。子どもたちが高校を卒業するぐらいまでは、感情的に怒ってしまうことが何度もあった。そのときは「キティちゃんのパパを見習わなくちゃいけないね」と夫婦で話していた。キティちゃんのパパは優しくて決して怒らず、すべてを許す理想的なパパなのだ。

僕は褒《ほ》めるべきところは褒めて、子どもたちを伸ばしてあげたと思うが、厳しいところもあった。せながヤマハのピアノレッスン中にお菓子を食べて、先生に怒られたことがあった。そのとき、レッスンが終わってから、僕はめっちゃめちゃ怒った。日本語で怒ると周りにわかってしまうと思い、一応、気を遣って英語で叱ったものの、その剣幕を見たら怒っていることは明らかだっただろう。せなにとって、人前で大きな声で怒られたという辛い思い出をつくってしまった。親としては自制心をもって冷静に対処しないといけないと反省した出来事だった。やはり親も感情があるので、落ち込んだり、イライラしたりしているときには、過剰に反応してしまうこともある。

理想の子育てというのは、なかなか難しい。たとえ親が理想的な子育てをしたつもりでも、子どもは不十分と感じるかもしれない。**完璧な親なんていない**から、試行錯誤しながら、自分を責めずに改善しつつ、前に進んでいけばいいと思う。

There, there, don't cry.

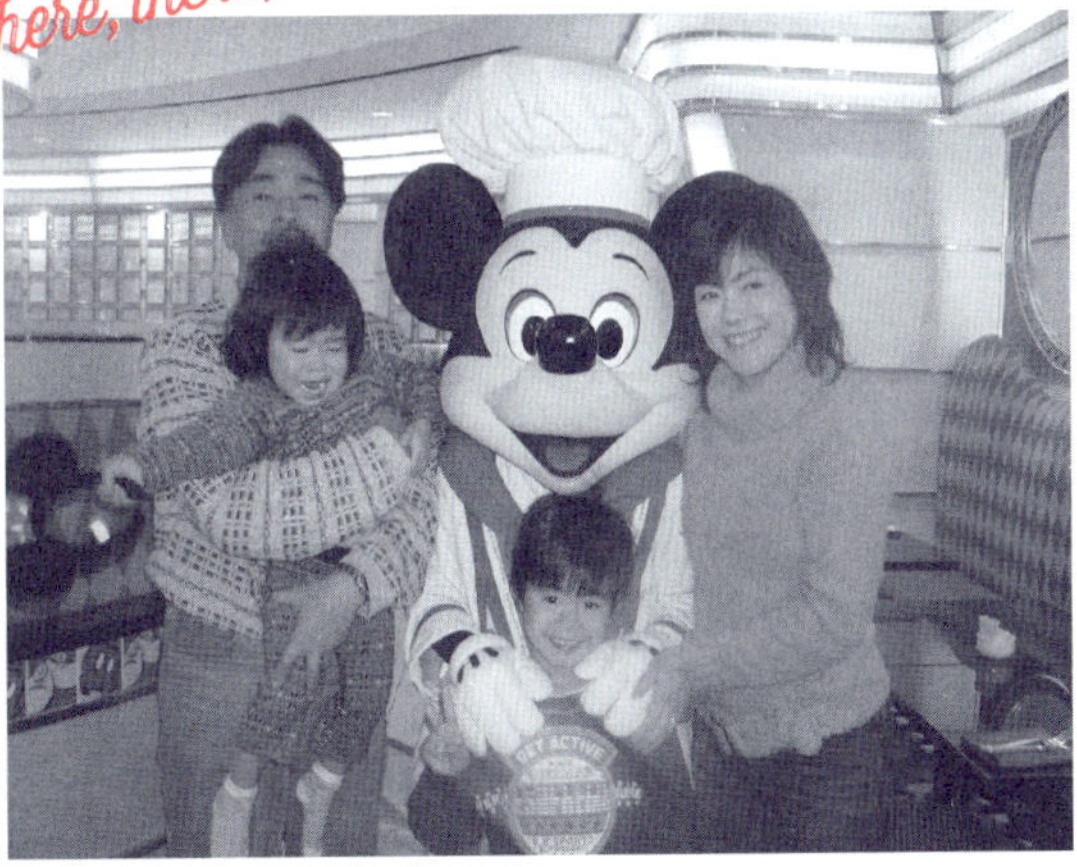

せな2歳。ディズニーランドで出会ったミッキーマウスがあまりに巨大すぎて大泣き(笑)。

#2 子どもの頃から全部、自分で決めてきた！

1から100まで全部自分で決めないといけない

せな　「小さい頃のことを振り返ると、濱田家のすごいところは、何事に対しても『いいよ。それやりたいならやり』と自由にさせてくれる一方で、**自分から言わないと、何も起こらなかった**こと」

たつや　「ホンマ、そのとおり！」

せな　「例えば、友だちの家では、『昨日、家に帰ったらバスケットシューズがあった。パパが買ってきてくれとった』とか『家に帰ったら、欲しかった新しい服があった』という話が多くて、めっちゃ、うらやましかった。うちはまったく逆で、自分から『買って欲しい』とか『これが必要なんや』と言わないと、何も起きない。家に自動的に何かが置いてあるとか、買ってあるとかいうことはなかったから」

こたつ　「そういうとこ、うちは特殊やな」

せな　「遠足のお菓子を買いたいときも、『明日の遠足用のお菓子を買いたいから、今日イオンに行きたい』って、理由まで言わないと買ってもらえなかった」

こたつ　「そうそう。理由も言わないといかんかったよね」

せな　「もちろん、お母さんとお父さんが忙しかったのはわかっていたけど、私たち中心の生活じゃないということが間接的に伝わってきた。『バイオリン習いたい』も、自分から言わないと絶対に実現しなかったと思う」

こたつ　「オレは『サッカーやりたい』って言ったことがある。テニス、ゴルフ、ピアノもやったけど、どれも長続きしなかったなあ」

せな　「今は『昔からダンスやっとけばよかった』って後悔してるけど、一度も『ダンス習いたい』って親に言ったことはなかった。だから、いい意味で親のせいにできない。その点はすごく感謝してる」

こたつ　「**言い訳できない人生を歩んできた**って感じかもしれんね」

せな　「そうなんよ。他の人の話を聞いてると、『昔ピアノしたかったけど親にダメって言われたから今も弾けないんだ』という言い訳とかをする。それって逃げ道になるところだと思う。うちにはそういうところがなくて、小学校に上がるときも、『インターと日本の学校、どっちに行きたいの?』って聞いてもらえて、全部自分で決めてきた。何でも自分で選択して歩んできた人生だからこそ、**『すべては自分の力で変えられるものだ』**っていう意識になった。それは、すごくありがたいと思う」

こたつ　「たしかに、それが自立心につながってる」

せな　「そういえば、ママは英語で『あなたは私の天使!』とか『天才なんだよ!』って毎日のように言ってくれてたな」

こたつ　「マジで? オレ、そんなこと言われてないかも。なんでや?」

せな「いろんなことをやるうえで、**ずっと応援してくれているから**、根拠のない自信はついた」

こたつ「いつも愛があった。そこは同感。褒《ほ》められるときも怒られるときも、何かを成し遂《と》げるときも。だからこそ、**すべてにおいて前向きに考えられたし、自信も持てた**んやと思う」

せな「ホンマに濱田家の子育ては『愛情たっぷりの放任主義』。矛盾しているように聞こえるかもしれんけど、『将来の夢』といった大きな決断から、『次の日に着る服』といった小さな決断まで、親から何かを強く勧められた記憶がほとんどないよね。でも、干渉が少ないからって愛情がなかったわけじゃなくて、『愛されてる』という実感は常にあったなって思う」

こたつ「オレとせなは性格も好みも違うから、**それぞれに合わせたやり方で愛情を注いでくれてた**んかな。それもすごい話やな」

ある日突然、たつやが「俳優になりたい」と言い出した

たつやが初めて「俳優の専門学校に行きたい」と言ったときは、正直戸惑うばかりでした。高校3年生で、そろそろ進路を決めなければならない時期でしたが、当時のたつやは精神的にも辛い時期だったようで、親子の会話も少なく、私はたつやが何を考えているのかがわからなくなっていました。

でも、そのまま放っておくわけにもいかないので、意を決して、「卒業したらどうするの？」と聞いたところ、突然「俳優になりたい」との宣言。まさに青天の霹靂《へきれき》でした。たつやは大学に進学すると思っていたので、「えー!! それ本気？」と、心の中ではオロオロしていました。それまで一度も「俳優になりたい」と口にしたことはなく、せながテアトルアカデミーに通っていたときも「僕も行きたい」とは言わなかったので、余計に驚きました。しかし、本人の中で

はずっと考えていたようです。

たつや本人は「僕は小学生の頃から俳優になりたいと思ってた」と言うので、「そんなこと言ってたっけ？」と尋ねたら、「小学生のとき、クラスメートに一度言ったことがあるけど、みんなにバカにされた。だから、『お前ら見とけよ、絶対に見返してやる』って思っていた」と答えました。


それから、夫と私とたつやの3人で何回か話し合いました。初めはどれだけ本気なのかわからなかったので、「私たちの知らない世界だし、将来どうなるかわからない世界だし、仕事も安定しないかもしれない。そんな不安定な世界に本当に行くの？」というような話をしたと思います。その話し合いのなかで、たつやが「今まで言ってなかったけど、ホンマに俳優になりたいねん」と言ったとき、その真剣さを感じて腹をくくりました。

「わかった。あなたの人生だから好きなようにやり」と。「ただし、専門学校の2年間の学費は出してあげるけど、その先は自分でなんとかしてね」という約束で決まりました。

当時、私が一番避けたかったのは、たつやが「お父さんとお母さんに反対されて専門学校ではなく大学に行ったけど、やっぱりあのとき夢に挑戦していたらよかった」と後悔することでした。

やってみてうまくいかなかった後悔よりも、やらなかった後悔のほうが強く心に残るものです。

数多くの最期を看取った介護人、ブロニー・ウェアの著書『死ぬ瞬間の5つの後悔』（新潮社）に挙げられている後悔トップ5は、「自分に正直な人生を生きればよかった」「働きすぎなければよかった」「思い切って自分の気持ちを伝えればよかった」「友人と連絡を取り続ければよかった」「幸せを諦《あきら》めなければよかった」です。

もしかすると、たつやが死ぬ瞬間に「自分に正直な人生を生きればよかった」と後悔するかもしれないと考えたら、胸が締めつけられます。本当にやりたいことから目を背けて親の希望どおり大学に入ったとしても、途中でやめてしまうかもしれないので、それなら自分の人生を自分で決めるほうが大切だと思いました。

思い返してみると、たつやは大晦日《おおみそか》に放送されていた「ダウンタウンのガキの使いやあらへんで」（日本テレビ）が大好きで、毎年録画して繰り返し見ていたので、夫に「いい加減にせー。何回見とんねん!?」と叱られていました。

でも、今は同じような企画を「フォーエイト48」や「こたせな」でやっているので、あの番組が役に立っているのは間違いありません。

たつやは地上波のドラマにも出演するようになり、着実に夢を叶《かな》えています。あのとき、俳優になるための専門学校にいくことを反対しなくて本当によかったと、つくづく実感しています。

I'm always here for you.

3度目の成人式（笑）を家族でお祝いしてもらいました。60本の花束は、子ども2人と夫からのプレゼント。

せな、子役の事務所を探して通い始める

ここまでお話ししてきたように、子どもたちが「やりたい」と言ったことは可能な限りは「何でもやり！」というのが私と夫のスタンスでした。とはいえ、2人ともフルタイムで仕事をしていたので常に子どもたちを最優先というわけにはいかず、親子で知恵を絞りながら方法を探してきました。

「こんなことしたいねん」と言い出すのは、たつやよりも、せなのほうが多かったような気がします。せなは、小学4〜5年生のときに、「子役をやってみたい」と言い出し、しばらくテアトルアカデミーという俳優の養成所に通いました。当時、子役で大人気だった鈴木福くんなどが所属していたところです。

そのときは、せな自身が俳優養成学校をネットで調べ、「ここがいい！ こ

こに行きたい!」と、テアトルアカデミーを選びました。子役のママといえば、いつも子どもについて行くステージママというイメージがありますが、私は「ママはいつもついて行けないよ」と最初に伝えました。私自身、土日も仕事が入ることがありましたし、自分の時間も大切にしたかったからです。それでも、せなは「自分で行く」と言ったので、「やりたいなら、やったらいいよ」と、週に1回、土曜日に通うことになりました。

最初の日だけは私が付き添い、「大阪駅はこの出口で出るんだよ」「地下鉄谷町線に乗り換えて、この駅で降りてあそこの出口から出て……」という具合に、行き方を教えました。そして、「次からは自分で行ってね」と任せました。もちろん、私が行ける日は一緒に行き、ダンスや演技、ボイストレーニングに真剣に取り組む姿を見守りました。写真撮影やオーディションなど、親のサポートが必要なときは、時間をつくるようにしました。

小学生の女の子を1人で神戸から大阪まで通わせるのは少し心配でしたが、「ママが毎回ついていけないから無理」と決めつけて、せなのやりたい気持ちを邪魔したくなかったのです。また、子どもの習い事のために親が自分を犠牲《ぎせい》にするのも違和感がありました。

その後、中学校に入るとクラブ活動が忙しくなり、やめてしまいましたが、2年間の経験は今の芸能活動にもつながっていると思うので、何1つ無駄なことはありませんね。

また、せなは小1のとき、「スイミングスクールに行きたい」と言い出しました。私は仕事で付き添えなかったため、家の近くを通る送迎バスを利用して通い始めました。行きはせな1人でバスに乗り、帰りは私がバスを降りるところへ迎えに行くという形でした。小さい頃からしっかり者だったせなには、不安はありませんでした。

それでも、小3で「バイオリンをやりたい」と言ったときは、戸惑いました。当時、ピアノをやめたばかりだったことや、バイオリンの費用や教室探しを考えると、さすがに即答はできませんでした。せながバイオリンに興味を持ったきっかけは、ピアニストになった私の教え子のコンサートで、小学生がピアノに合わせてバイオリンを弾く姿を見たことです。さらに、当時、流行っていたドラマ「ブザー・ビート」（北川景子さんがバイオリニストの役で出演）の影響もあったかもしれません。

それから、せなは、私の心配をよそに、近くのカルチャーセンターでバイオリンの体験レッスンを見つけてきて参加しました。せなは、本当に行動力の塊《かたまり》です。数日後、せなを連れてお料理教室に行った帰りに、せなが「ママ、バイオリンも見つかったよ！」と嬉しそうに報告してくれました。なんと料理教室で会った私のママ友に「今度、バイオリンを習いに行く」と話し、「それなら、うちの子が使っていたバイオリンを譲るよ」と、トントン拍子で話が進んだようで、なんと5000円でバイオリンを手に入れてしまいました。

このエピソードは拙著《せっちょ》『実践「引き寄せ」大全』（大和出版）にも書きましたが、私が左脳で「どうしたらいいか？」と考えている間に、せなは、楽しくバイオリンを弾いている自分の姿を頭の中でイメージして、**あっという間に「引き寄せ」た**のです！　バイオリンは3年ほど続けました。

たつやとせなの子育てを振り返ると、それぞれ違う大変さがありましたが、今となってはとても楽しい思い出です。当たり前ですが、同じ親から生まれても、子どもは1人1人、性格も、個性も、能力も違います。1人目でうまくいった方法が2人目にも通用するとは限らず、親には柔軟さが求められます。

子育ては、親にとって「自分育て」でもあります。さまざまな経験を通して、親は子どもに育てられるのだと実感しています。

You can do it!

せなはスポーツも大好きで、インターでは4シーズンすべて参加していました。

#3 初公開！「こたせな」の人生事件簿

人生をやめたくなったどん底の時期　（こたつ）

ここは、僕が1人でお話しします。

専門学校に通いながら大阪で一人暮らしをしていた20歳の頃、「ここまで悪いことって連鎖するんだ」という出来事が立て続けに起こり、「もう人生をやめたい」と本気で思ったこと

がありました。今まで生きてきたなかで最悪の、どん底の時期です。

1つ目の出来事は、僕が3年間使っていたTwitterのアカウントが乗っ取られ、二度と使えなくなったことです。ものすごい時間をかけて増やした約5万人のフォロワーが、一瞬ですべて消えてしまいました。

2つ目は、バイト先のパチンコ店をクビになったことです。携帯電話をなくしてシフト変更に気づけず、無断欠勤とみなされてしまいました。事情を説明しようとしても、「もう来なくていい」と取り合ってもらえませんでした。

さらに、携帯をなくしたことで通っていた専門学校からの連絡も確認できず、授業を休むうちに行きづらくなり……。次第にお金も底を尽き、学校にも行かなくなりました。今振り返ると、ちょっとした鬱《うつ》状態だったのかなと思います。誰とも連絡を取らず、1カ月ぐらいアパートの部屋に閉じこもっていました。

そんな僕を救ってくれたのが母でした。わざわざ大阪まで来てくれて、引きこもっていた僕を、**あれよあれよという間に、現実の世界に引き戻して、見事に救ってくれた**のです。そのときのことは今でも忘れられず、本当に感謝しています。母の力は偉大すぎます。

たつやと連絡が取れなくなった！

たつやが俳優の専門学校の2年生のとき、大事件が起きました。ある日、たつやと連絡が取れなくなったのです。ＬＩＮＥがつながらなくなり、電話をしても出ない。バイト先に連絡をしたら、「もうやめました」と言われ、学校に連絡すると「来ていません。このままだと卒業できません」と言われて、「これはただごとではない」と思いました。

前述したように、たつやは高校の途中から精神的にしんどい時期があり、今みたいに笑っているところを見たことがありませんでした。専門学校の1年目には、かなり元気になっていましたが、まだまだという感じでした。

俳優の専門学校は、最初は自宅から神戸の三宮校に通っていたのですが、途中から授業に行かなくなりました。私が「俳優になりたくて専門学校に入学したんでしょ。あれは嘘やったの？」と聞くと、たつやは「三宮には大したやつがおれへんねん」と反論するのです。私からすれば「真剣に授業に行ってもないくせに、何言ってんの？」と、怒り半分、呆れ半分です。

その後、本人の希望で大阪校に転校し、大阪に部屋を借りて学校に行きはじめました。大阪校のほうが生徒数も多く、レベルも高くて刺激があったようで、結果的にはそれでよかったと思いました。

専門学校は2年間で全部の課程が終わり、最後に卒業公演があります。同期の生徒がみんなで演技を披露するのですが、最初の頃は「もしかしたらたつやが主役に選ばれるかも」と見込まれていたようです。ところが、携帯をなくして、すべてがうまくいかなくなりました。学校にもバイトにも行っていないことがわかったときは、私は心配でいたたまれなくなり、とりあえず、たつやが住んでいたアパートまで行ってみることにしました。

私がアパートに着いたとき、玄関の鍵は開いていました。ドアを開けて「たつや、いるの？」と声をかけると、暗い部屋の中にたつやがポツンと1人でいました。たつやの顔を見て、「生きていた……！」とひとまずホッとしたのを覚えています。それから、「何があったの？」「今までどうしていたの？」「これからどうしたいの？」と、1つ1つ話を聞いていきました。

たつやは、すごく不器用な面があり、うまくいかないことが続くと、「もうどうでもええわ」となって、どんどん悪循環に陥《おちい》ってしまうところがありました。そこで、まず、「私が学校の先生に話してあげるから、もう1回、学校に行こう」と説得し、次の日、一緒に学校に行きました。私も一緒に先生に謝り、事情を説明し、なんとか復学を認めていただきました。そのときのことを、たつやは「僕の人生のどん底のときだった」と、YouTubeで話していました。

たつやはその頃から、少しずつ変わり出しました。いわゆる反抗期みたいなものが終わり、大人になったのだと思います。

そんな大変なこともありましたが、最終的には無事に専門学校を卒業できました。卒業公演にも、脇役ながらも出演でき、家族みんなで見に行きました。

その後、Twitterの乗っ取り事件からも立ち直り、当時流行りはじめていたTikTokに力を入れるようになりました。初めはバイトと掛け持ちでしたが、少しずつ仕事をもらえるようになり、あるタイミングで「オレ、これ1本でやるわ」と決断してバイトを辞めました。私としては、またもや「えっ、大丈夫？」という思いでしたが、たつや自身は、費やす時間とエネルギーを集中させたかったのだろうと思います。そしてその年、「全力○○」で一気にバズったのです。

翌年の2019年には、TikTokのフォロワーが100万人を突破。「フォーエイト48」を結成し、YouTubeチャンネルをスタートさせました。思い返してみると、専門学校卒業後ぐらいから、だんだんと人生が軌道に乗り出したようです。

たつやは**有名になる前から夢を明確に描き、成功するイメージを持ち続けていた**のだと思います。それを思い出させるエピソードを1つお話しします。

専門学校時代、たつやは友だちとアパートをシェアしていたのですが、たつやが卒業する頃にその友だちがアパートを出ることになりました。そこで、私が「家賃が安いところに引っ越ししたら？」と提案すると、「オレは友だちが払ってた分も払えるぐらい稼ぐ」と言いました。私は心配しましたが、「もし、うまくいかなかったら引っ越すか、わが家に戻って来ればいいか」と思い直し、何も言わず様子を見ることにしました。しばらくすると、宣言したとおり、本当に1人で家賃の全額を払えるようになりました。それは、**明確なビジョンとイメージを持って行動していたから**なのだと思います。

You can start whenever you want.

2023年、YouTube「こたせなチャンネル」をスタートしたときにプロに撮ってもらった写真。ここからすべてが始まりました。

Chapter

3

こたせなファミリーは「好きを仕事に」している

#1 子どもたちは「早く大人になりたい！」と言ってくれた

こたせなママ・パパはこんな人！

こたつ　「それじゃ、こたせなママとパパの紹介、行きます！　お父さんは、本当にオレのよき理解者で、たまに『うわ、これは自分しかわからんやろうな』っていう感情があって、周りには具体的に話さないと理解してもらえないけど、お父さんは真ん中のところを説明するだけでわかってくれる」

せな「たつやとお父さんは、似てるところがあるからね」

こたつ「お父さんは発案の天才だと思う。自分もお父さんの発想力を受け継いだおかげで、YouTubeでもいろんなコンテンツをつくれたりする」

せな「私たちから見ると、言語化してもらわないと到底理解できない行動だったりするんやけど……。私やお母さんは、『りんご』と言えば『赤』って発想する感じ。でも、たつやとお父さんは、『アダムとイブでしょ！』みたいな。そこまで話が飛ぶから、本当にコミュニケーション取るのがめっちゃムズくて……」

こたつ「わが家のメンズとレディースのコミュニケーションには、いろんな壁や誤解があって、ミスコミュニケーションは多いからね。でも、振り返ると、お父さんがリーダー気質っていうよりも、お母さんのほう

が人を惹き寄せる力を持っていたかも」

せな　「それはめっちゃ、わかる。お母さん、誰とでも仲良くなれるから」

こたつ　「昔からお母さんは慕われる存在で、ホームパーティーをしたりして、そのとき、お父さんは、畳の部屋でくつろいでたりした。お母さんは、ほんまに温厚で自然体な人で、みんなを幸せにしてくれるオーラがある。だから、よくお父さんと最後まで一緒におれるなあって思う（笑）」

せな　「お父さんのこと、ディスってない？」

こたつ　「ちゃうちゃう。オレは両親のハーフだし。7対3ぐらいで、お父さんとお母さんに似てる」

せな　「ハーフじゃないやん。5対5になってへんし」

こたつ　「うっさい（笑）。お母さんの気質もあるけど、だいぶ我が強いし頑固《がんこ》やし、短気なところもあるから、たぶんお父さんによく似てる。占いの人にも言われたけど、プライドのランクがあるとしたら、家族みんな生まれたときから一番上位にいるらしいんだけど、お父さんはさらにその上だって」

せな　「お父さん、どんだけ突き抜けてんの⁉」

こたつ　「そんなところをお母さんがうまく丸めてくれて。丸められるぐらい、すごく温厚な性格をしているからホンマにちょうどいい」

せな　「お父さんは柔軟性があるよね。覚えている思い出があるんだけど、学校に遅刻したことがあって、本当は朝9時に集合なのに、9時10分ぐらいに起きちゃって、もう大パニック。その様子を見て、お父さんは、『じゃあ、今からできることは、これと、これと、これと、これだ。選べ』って、冷静に言ったんだよね」

こたつ　「カッコええやん」

せな　「その状況で、冷静に選択肢をスッと提示してくれる。『2つで迷ってるなら、どっちも買えばいいじゃん』と言うこともあって。自分では思いつかないような意見をくれるんだよね。そして、お母さんは、『早く大人になりたい』って思わせてくれるぐらい、いつも自分の人生を楽しんでいる姿を見せてくれた」

こたつ　「せなは、子どもの頃からずっと言ってたよね」

せな　「うん。小学生ぐらいから、『いいな。早くママみたいに大人になりたい』って言ってた。『ママが楽しそうだから』って。**『大人って、こんなこともできるんだ、好きなことをして生きられるんだ』**って思わせてくれたのは、お母さんだった」

こたつ　「お母さん、仕事であちこち飛び回っていても、めっちゃ楽しそうやったもんな」

せな　「ホンマに。お母さんの仕事をしている姿を見て、一番そう思ったなあ。『濱田せなの親』としてじゃなくて、誰かの友だちだったり、誰かの先生だったり、いろんなアイデンティティを見ることで、『人生の中でいろんなことができるんだ』って思えた」

こたつ　「また、賢そうなこと言うとるな」

せな　「当時の自分は、ただの『濱田せな』、ただの学生という1つのアイデンティティしか持っていなかった。でも、**お母さんはいろんな姿を見せてくれた**から、『もっと可能性があるんだ』『可能性は無限大なんだ』って思えた」

こたつ　「そういえば、お母さんが働いている間、おじいちゃんとおばあちゃんの家によく行ってたけど、寂しさはなかったよね」

せな「そうなの？ 私は結構あったよ。家に帰って誰もいないのが当たり前だったから、寂しかった」

こたつ「オレは、『めっちゃテレビ見れる！』って思ってたから、全然寂しくなかったけど（笑）」

せな「家に帰って来てから、私は1人の時間が多くて。他のお母さんたちはすべての学校行事に来てたやん？ でも、うちはお母さんが来られなくて、ちょっと欠けてると感じることもあった。私は『ああ、来てくれなかった』って寂しかった」

こたつ「マミーが大好きやったんやな」

親が人生を楽しんでいる姿を見せる

せなが小学生の頃、「早く大人になりたい？」と尋ねたことがあります。すると、答えは「……微妙」でした。「どういうこと？」と聞くと、「子どもでいたいけど、大人もすごく楽しそう」と言いました。

私たちが楽しそうに過ごしている姿を見て、「大人は楽しそう」と思ってくれたようです。子どもは親の姿をよく見ています。親が人生を楽しんでいる姿を見たら、「自分も早く大人になりたい」「仕事をしたい」と感じるでしょう。逆に、いつも疲れた姿を見せられたり、仕事の愚痴《ぐち》ばかりを聞かされたりしていたら、「仕事は大変そう」「大人になんかなりたくない」と思うのではないでしょうか。

フルタイムの仕事と子育ての両立は大変で、イライラして子どもに当たってしまうこともありました。でも、私は英語を教える仕事が大好きだったので、せなには楽しそうに見えたのかもしれません。あるいは、親が自分のやりたいことをしている姿を見て、大人であることに良いイメージを持ったのかもしれません。

子育てを振り返ると、**親が子どもにできる最大の貢献は、「自分の人生を楽しむこと」**だと思います。「あれしなさい」と指示するよりも、親自身が人生を喜びの中で生きること。それだけで十分な気がします。

過度な期待は、子どもにとって重荷になります。子どものために我慢しすぎたり、自分を犠牲《ぎせい》にしすぎたりしてしまうと、心にも余裕がなくなります。「あなたのためにこんなにやってあげているのに！」というプレッシャーを、子どもに与えかねません。もちろん子どもは大切ですが、その前に親自身が「自分自身を大切にすること」が大事だと私は思っています。

子どもに英語を学ばせたい場合も、親の思いが強すぎないか確認する必要があるかもしれません。子どもが乗り気でなければ、向いていないのかもしれませんし、違うことに興味があるのかもしれません。その場合は、無理強《むりじ》いしないことです。子どもは、やりたいことが見つかれば集中できる天才です。大人が楽しそうに何かに打ち込んでいれば、子どもも自然とやりたいことを見つけてやりだすはずです。それが英語でなかったら……、諦《あきら》めるしかありません(笑)。

以前、「娘を留学させたい」という女性から相談を受けたことがあります。話を聞くと、実はその方自身が留学を夢見ていたけれど叶《かな》わなかったので、娘をどうしても行かせたい、とのことでした。でも、娘さん自身は興味がないと言うのです。「それなら、お母さんが行かれたらどうですか? 今はシニア向けのプログラムもたくさんありますよ」と提案すると、ハッとされたようで「そうですね。私は自分の夢を娘に叶えてもらいたかったんですね。こんな歳でも留学できますか? ぜひ、行ってみたいです」と前向きになりました。

親は誰でも、子どもに対して「こうなってもらいたい」という願望や期待があります。でも、**子どもは親が望むとおりには育ちません。**私の両親は私を音大に進学させたかったし、私はたつやに大学に進学して欲しかった。でも、どちらも親の願いは叶《かな》っていません（笑）。これは、**親としてエゴを手放すための学び**なのです。

「私も好きなことをしているから、あなたも自由に大好きなことをやって自分の人生を生きなさい」。そんなスタンスが理想ですね。実際は難しく、私もまだまだ修行中です（笑）。

I'll always love you,
no matter what.

2020年、せなの高校卒業祝いで家族が久しぶりに全員集合。

ホームパーティーで大人の世界に触れさせる

わが家では、頻繁《ひんぱん》にホームパーティーを開いていました。私がみんなで集まって、ワイワイ、ガヤガヤするのが大好きだからです。アメリカ留学中に、よくホームパーティーに招かれたことがあり、憧《あこが》れもありました。

ただ、日本ではアメリカのように庭でバーベキューをするのは難しいので、みんなで食べ物を持ち寄ったり、お鍋をしたりして、いつも楽しく賑やかに過ごしました。ホームパーティーで私が友人たちと談笑している姿を見て、たつやもせなも、「楽しそう」と感じたのかもしれません。一方、夫は大勢で過ごすのが苦手です。わが道を行くタイプなので、無理に合わせず、少し参加しては抜けていました。

わが家には、仕事の関係者が自宅に来ることも珍《めずら》しくなかったので、たつやもせなも、幼い頃から親や親戚、先生以外の大人と接する機会が多くありました。外国人も時々遊びに来ていたので、幼い頃からさまざまな国の人に抱っこされることが多かったと思います。

英語は敬語が少なく、年齢に関係なく対等なので、たつやは3歳のとき、30歳ぐらいの私の友だちに「Hi, Wakako!（やあ、ワカコ！）」と、ファーストネームで呼びかけていました。そういう経験を重ねているので、「年上だから遠慮する」という感覚があまりないのでしょう。

また、大学院時代のアメリカ人の親友が、旦那様《だんなさま》と赤ちゃんと一緒に、1カ月ほどわが家に滞在したことがありました。たつやとせなも、赤ちゃんのお世話を手伝い、自然と赤ちゃんに英語で話しかけていました。

このように、日本人だけでなく外国人とも触れ合う機会がたくさんあったことが、**2人の社交的な性格形成に役立った**のでしょう。YouTubeで、街行く外国人に頼んで、たつやとせなが互いにドッキリを仕掛け合う企画（いきなり外国語で話しかけて、どのくらい話せるのかを検証する企画）も、こうした環境のおかげかもしれません。

英語と出会って世界が広がった子ども・学生時代

私が英語を好きになったのは、亡き父の影響です。1ドルが360円で海外出張が珍しかった時代に、父は仕事でアメリカに行ったことがありました。偶然、ケネディ大統領が暗殺された日にアメリカに滞在していたそうで、子どもの頃、父からよくその話を聞かされました。

父が仲良くしていた取引先のアメリカ人にエドウィーナちゃんという娘がいて、私は小学1年生の頃、彼女と文通をすることになりました。といっても、当時の私は英語ができず、私が日本語で書いた手紙を父が英訳して送ってくれました。エドウィーナちゃんから手紙が届くと、「なんて書いてあるの？」とワクワクしながら、父に読んでもらいました。

あるクリスマス、彼女からプレゼントが届きました。箱を開けると、日本では見たことのない人形やかわいいピンクのパジャマが出てきてびっくり！　初めて海外の製品に触れ、感激したのを覚えています。この経験によって、「英語ができたら世界が広がって、いろんな人と友だちになれるんだ！」という英語に対する**「好奇心の種」を心に植え付けられた**ような気がします。

大学では、英語と心理学を勉強したいと思い、教育心理学科を選びました。英会話学校にも通いだしましたが、レベルは一番下の初級クラス。発音も典型的なジャパニーズイングリッシュで、きれいな発音で流暢《りゅうちょう》に英語を話す帰国子女のクラスメートに憧《あこが》れていました。

大学には、留学生と日本人が交流する「コーヒー・アワー」という時間があり、よく参加していました。外国人と話すのは楽しいけれど、思うように伝えられず、もどかしさも感じました。それでも言葉が通じたときは嬉しくて、「やっぱり英語は楽しいな」という気持ちが強くなっていきました。

大学には交換留学制度があり、留学を考えていましたが、当時はテニスに打ち込んでいて幹部になったこともあり、最終的にテニスのほうを選びました。

卒業後は中学校の英語教員になろうと教員採用試験を受けましたが、不合格(泣)。そこで、学習塾の英語講師になりました。しかし、「あのとき留学していたら、私の人生はどのように変わったのだろう?」と考えることが増え、「留学しなかったら、後悔し続けるかもしれない」と思うようになったのです。

人生とは面白いもので、何が吉と出るかわかりません。英語教員採用試験に落ちたことで、私の人生を変える出会いがありました。塾では、幼稚園児から中学生までに英語を教えていたのですが、幼稚園児のクラスに時々手伝いに来てくれていたのが、シャーリーという日系ハワイ人の先生でした。彼女は英語を教えながら、大阪のテンプル大学大学院でTESOL(英語教授法)を専攻していました。英語の教え方を学ぶ学問分野があることを知り、シャーリーからいろいろと話を聞いて「これだ！」と思ったのです。
両親には最初、「今から留学してどうするの？」と反対されました。当時、25歳を過ぎた女性は結婚して、家庭に入るのが一般的だったからです。でも、私が本気だとわかると反対しなくなりました。そこから大学院留学に向けて本格的に準備を始め、TOEFLの勉強をしながら留学資金を貯めていきました。

夫と出会ったのはその頃です。お付き合いを始めて結婚すると決めたとき、「結婚してから留学するか、留学から帰ってきてから結婚するか」を2人で話し合いました。私たちは「結婚してから留学する」ことを選びました。そのため、留学の時期を1年遅らせることにしたのです。そして、1年遅らせたことで、ダメ元で申し込んでみたロータリー奨学金の試験に受かり、1年間の奨学金を頂けるというミラクルが起こりました。すべてがスムーズに進みました。お互いの両親から反対されることもなく、温かく送り出してもらえたことも、今、考えると奇跡かもしれません。こうして私は、結婚して数カ月後に、単身でアメリカへ渡ったのです。

念願の留学ではカルチャーショックの連続

留学先は、サンフランシスコ大学でした。修士課程は通常2年かかりますが、私はロータリー財団の支援を受け、1年間だけ授業料を援助してもらえるプログラムで留学していたので、1年間で修士号を取得することを目標にしました。

英語力を少しでも早く向上させるため、「英語だけで会話する。日本語は一切話さない！」と決意し、英語でしかコミュニケーションが取れない人と一緒に過ごすようにしました。親しくなった日本人には理由を説明し、「私は英語しかしゃべらないけど、それでもいい？」と聞いて、ＯＫの人とだけ付き合いました。当時はそのくらいやる気満々だったのです（笑）。

最初の学期は、本当に苦労しました。まず、アメリカ人の話すスピードについていけない。授業内容を録音して、後で何度も聞き直しました。ディスカッションがあるクラスでは、発言しないと授業に興味がないと見なされ、減点対象になることもあります。アメリカの大学院では、授業で発言することが授業への参加とみなされるからです。発言したくても、頭の中で英文を組み立てているうちに、他の人がどんどん話し始め、発言する機会を逃してしまう。それで、「ああ、今日も一言もしゃべれなかった」と落ち込んで帰る日々が続きました。

アメリカと日本とでは、生徒の発言の仕方も違います。アメリカでは先生の意見に対して、生徒が「私はそうではないと思います。私の意見は……」と発言することが珍《めずら》しくありません。自分の意見を持つことが評価される文化だからです。以前、ハーバード大学の「マイケル・サンデルの白熱教室」が話題になりましたが、まさにあのような光景が繰り広げられていました。

質問するタイミングも違います。日本では、先生が話し終わり、「何か質問は?」と聞いたときに生徒が手を挙げます。ところがアメリカでは、先生が話している最中でも「先生、今の内容について質問があります」と、生徒が話を遮《さえぎ》って発言します。日本では、先生の話を遮って質問したり、違う意見を述べたりするのは失礼だととらえられがちです。先生の話をだまって行儀よく聞くのが良いとされる日本の教育を受けてきた私は、最初は戸惑うばかりでした。

半年ほど経ち、2学期目になる頃にはやっと慣れてきて、何とか授業中に手を挙げて発言できるようになりました。そして、最初の目標どおり、1年間ですべての単位を取得し、修士課程を終えることができたのです。

帰国後、サイマルアカデミーやYMCAで英語講師をしていたのですが、そのときに出会った先生からの紹介で、流通科学大学の非常勤講師として大学の英語授業を担当するようになりました。その後、専任講師を経て、今は准教授として流通科学大学で研究や授業に取り組んでいます。

英語が好きで、英語とともに歩んできた人生であるのは間違いありません。**ただ純粋に英語が好きだったからこそ、ここまで続けてこられた**のだと思います。

子どもの頃から英語の歌を聞いて育つ

From こたせなパパ

僕が最初に英語を聞いたのは、6歳のとき。テレビで「ザ・モンキーズ」というアメリカのバンドのコメディードラマで流れてきた歌の格好良さに衝撃を受けた。その歌をまねして歌っていたが、英語の意味はわからないので、「ピクセルモキューラー」とカタカナ英語で歌っていた（実際の歌詞は「People say we monkeying around.（人々は僕たちが遊んでばかりだと言う。）」だったことを、大人になってから理解した）。

僕が生まれ育った港町には米軍基地があり、ラジオをつけると、英語で放送される極東放送（FEN＝Far East Network）が流れていた。父親が米軍基地で働いていたこともあり、そのチャンネルの存在を知ったのだ。

小学校2、3年生の頃からFENやレコードでよく洋楽を聴くようになった。英語を文字ではなく、音楽から学びはじめた。

中学に入ってからも英語熱は冷めず、「セサミストリート」を見だした。高校に入ってからは雑誌『English Journal』（アルク、現在は休刊）で時事英語を学んだり、『朝日ウイークリー』（朝日新聞社）で映画や音楽から英語を勉強したりした。しかし、学校の英語の授業では、先生の発音がジャパニーズイングリッシュだったので、ネイティブの英語に慣れていた僕には、かなり違和感があったのを覚えている。

当時の映画館では、1000円前後で3本ほど映画を観ることができた。海外で大ヒットした映画をまとめて2、3本観られるので、とてもお得だった。レンタルビデオショップもない時代だったので、映画館にカセットデッキを忍ばせ、英語のセリフをこっそり録音して（今だと違法だけど・笑）、何度も繰り返し聞いてセリフを覚えた。そうやって、**できるだけ海外生活に近い環境をつくろうと努力した**が、それでもネイティブが話している言葉を完璧には聞き取れず、限界を感じた。

そこで、子どもたちには小学校からではなく、生まれたときから英語で子育てをすることにした。

外国語大学在学中の僕の夢は、ＣＮＮのようなアメリカのテレビ局のアンカーマンかレポーターになることだった。他にも、英語の曲を歌うミュージシャン、英語のセリフのある映画俳優、英語のＤＪになりたいとも思っていた。ＦＭ大阪というラジオ局のアルバイトで、映画音楽番組の編集作業をやっていた時期もある。しかし、結局どの夢も実現しなかった（泣）。やはり、英語が好きというだけでは、プロの世界では通用しなかった。

大学の授業で『TIME』という時事英語雑誌を読む授業があったが、辞書を引かないとわからない単語が多く、「自分の英語力では戦えない」と思い知った。留学すれば24時間英語漬けの生活ができるが、日本での独学には限界があった。

そこで、日本のテレビ局を受けることにしたが、面接で時事問題を理路整然と答えられず、報道の世界では通用しないと悟った。そして、報道への夢は諦《あきら》め、英検1級の資格を持っていると5万円ぐらい給与がアップするという理由で予備校の講師となり、とりあえず3年間修行することにした。

トップ講師を目指し、ベテランの先生の授業をまたもやこっそり録音して(笑)、「教える技術」を必死で学んだ。気づけば、3年間で辞めるつもりだった英語講師の道を歩み続け、10年前から予備校だけではなく、高校でも英語を教えている。

人生はどこでどう転ぶかわからない。それでも、大好きな英語の仕事を続けることができたのだから、ラッキーな人生だと思う。勤め先で妻と出会ったので、もし英語を学んでいなかったら、妻も「こたせな」もいない、まったく別の人生を送っていただろう。

そして今、僕が憧《あこが》れていた映画や音楽の世界で、たつやとせなが活躍している。2人は自分がやりたいことをやり、僕が果たせなかった夢を叶《かな》えている。僕が若い頃にした経験が、2人にも影響を与えているのかもしれないと、勝手に思っている。

英語嫌いな生徒を「英語が好き」に変える授業

From こたせな ママ&パパ

【こたせなママ】

私たち夫婦は、2人とも英語を教える仕事をしています。勤務先は異なりますが、英語が大好きで、「生徒に英語の楽しさを伝えたい」という思いは共通しています。

私が現在勤めている流通科学大学では、発音のトレーニングに特化した「英語発音クリニック」や、英語と中国語を集中して学ぶ「グローバル・スタディーズ・プログラム」など、英語関連の授業を担当しています。そのうちの1つが、現在の研究テーマでもある、英語学習とキャリア教育（自己実現）を組みあわせた内容言語統合型学習（CLIL《クリル》）コースです。脳科学やポジティブ心理学に基づいた潜在意識活用法、夢を叶《かな》えるための必要なイメージや言葉の使い方、思考パターンの変え方などを、英語の文献や映像を使って教えています。コースの最後には「宝地図（Treasure Map）」を使い、自身の夢や目標を英語で発表してもらいます。「宝地図」とは、欲しいもの、行きたい場所、就きたい職業、将来の理想の姿などをイメージさせる写真や言葉をコルクボードや画用紙に貼ることで、夢や目標を可視化する自己実現ツールの1つです。クラスには日本人だけでなく留学生もいますが、みんな目をキラキラさせ、たくさんの夢を語ってくれます。クラスメートの発表を聞くことも学生たちの視野を広げるよい機会になります。

「国に帰って学校を建てたい」と大きな夢を語ってくれる留学生もいます。「レストランを開きたい」と発表した留学生は、在学中にその夢が叶いました。就職したい会社で既に働いているイメージ写真を貼ったところ、希望の3社すべてから内定通知をもらったという学生もいます。

「英語で夢を発表するほうが恥ずかしくない」という声が日本人学生に多いの

も興味深い点です。英語でのプレゼンテーションだと、覚えた英文を話すので精いっぱいということもあるかもしれませんが、役者になって演じているような気持ちになり、**心理的なブロックが外れやすい**という効果があります。英語で話すと感情表現が豊かになり、主張しやすくなる効果があるのかもしれません。

洋画で英語を学ぶクラスも、学生に人気があります。私はこれまで映画を題材とした英語テキストを8冊執筆してきましたが、映画は英語学習意欲を高めるための素晴らしい教材の1つです。映画のセリフは日常会話で、実際に話されている「生きた」英語であり、これまで習ってきた文法が会話でどのように使われているかを学ぶこともできます。授業では『ローマの休日』や『ノッティングヒルの恋人たち』を使って、リスニングだけでなくスピーキング、ボキャブラリー、文法も学びます。学生の中にはジュリア・ロバーツを知らない人もいますが、名作の魅力は時代を超えて人気があり、学生たちからは「素晴らしい映画だった！」という感想をいつも聞くことができます。

最も工夫が必要なのは、「英語は苦手で嫌い」という学生たちを対象にしたクラスです。多くの日本人が英語に苦手意識を持っているのは、文法ばかり勉強させられ、英語を話す喜びを体験したことがないからだと思います。そういう学生には、まず**英語は「教科」ではなくコミュニケーションのツール**であり、「話したいことを英語で伝えることができるんだ！」という体験をたくさんさせてあげるよう心がけています。

例えば、英語で自己紹介をするという課題には、次のように、少しずつ難易度を上げていきます。

◎STEP 1：英語と日本語を見て話す。

① My name is～.（私の名前は〇〇〇です。）
② Call me ～.（～と呼んでください。）
③ I'm from～.（私は～出身です。）

◎STEP2：日本語のヒントだけで話す。
①名前
②ニックネーム
③出身

◎STEP3：何も見ないで話す。

何度も繰り返すうちに英文を見なくてもすらすら言えるようになります。毎回、話すペアを変えることで、飽《あ》きずに練習できます。英語が話せないのは、スピーキングに費やす時間の絶対量が足りないからです。**何度も同じことを繰り返し練習することで、話せるようになっていく**のです。

授業では、学生が話したくなるトピックを選びます。例えば、「好きなアーティスト」「一番思い出に残った旅行」「行ってみたい海外の都市」などです。お互いに情報共有ができるような話題は、さらに盛り上がります。例えば、「お勧めのレストラン」というテーマで10回ペアプラクティスをすると、10人からお勧めのレストランを教えてもらえるので、英語は情報交換するための手段となります。

画像や映像も使うと、さらに効果的です。例えば「一番好きなアーティスト」を紹介するとき、YouTubeでお気に入りの歌を聞いてもらえるようスマホで準備してもらいます。このエクササイズでは「Stop!」と私が叫ばないと、話すのをやめないくらい学生たちは盛り上がります（笑）。

日本語が混ざっても、ブロークンな英語でも構いません。「英語が話せて楽しい！」「英語でも伝えられるんだ！」という自信がつくことのほうが大事です。

このクラスで取ったアンケートでは、約9割の学生が「英語の授業が楽しかった」と答え、約8割が英語学習の意欲を高めています。

英語が話せることで世界が広がります。その楽しさを、これからも学生たちに伝え続けていきたいと思います。

【こたせなパパ】

僕が生徒に教えるときに大切にしているのが、「英語を楽しい」と思えるようにすること。そのため、僕は「**生活に落とし込む**」「**音を大切にする**」「**視覚的イメージをつくり出す**」という3つを軸に授業をしている。

予備校でも、高校でも、英語が苦手で、現在進行形、過去進行形、過去完了進行形などの文法用語を聞いただけで拒否反応を示す生徒も多い。僕の授業で、現在完了形と過去形という時制の違いを教えるときは、次のように身近なシチュエーションを用いて具体的に説明するようにしている。

◎相手が到着した瞬間に、その人が今までどこにいたか質問する場合
↓「Where have you been?（現在完了形）」
◎相手が今、ある場所にいて、その人が過去にどこにいたかを質問する場合
↓「Where were you?（過去形）」

日本語ではどちらの場合も、「どこにいたの？」でいいが、英語では状況に

応じて使い分ける。

　このように身近な例で考えさせると、生徒も理解できるようになるのではないだろうか。

　英文読解においても、日本の英語教育では、「わからない単語を引いて日本語に訳してきなさい」という予習をさせるのが一般的だ。野球に例えると、初心者に、いきなり大谷翔平投手の160キロのボールを打たせようとするようなものだろう。最初は、近くから軽く投げたボールを打てるようにする練習をさせ、徐々にスピードを上げていけばいいのだ。

　同じように、英文読解の場合も、初級者には「日本語訳を先に読んで、全体の意味をとらえてから英文を読む」という練習を取り入れてもいいとアドバイスしている。英文を読むことが苦痛でしかないと、英語に対する苦手意識が生まれてしまう。英語が不得意なうちは、「日本語訳→英文」という流れのほうが理解しやすいので、その練習を日々繰り返していけば、やがて英語が得意になる可能性は高くなる。

両親には尊敬しかない！

こたつ　「改めて思うけど、お母さんとお父さんが自分で英語力を高めたのって、尊敬するわ」

せな　「だよね。お父さんやお母さんが英語を学んできた環境は、今の時代とめっちゃ違うと思うし」

こたつ　「特に、お父さんは留学経験もないのに」

せな　「そうそう。映画館に通ったりして勉強したって聞いたけど、自分だったら絶対に挫折《ざせつ》したと思う。しかも、今より英語を使う機会も少なかったのに。2人とも、どうやってあんなに発音よく話せるようになったんだろう？」

こたつ　「**オレの夢ができたのも英語のおかげやし。**本当に、『夢をつくってくれてありがとう！』って感じやな。英語を学んだおかげで、いろんな環境に触れたり、新しいことに気づけたりするし。お母さんとお父さんが、0歳から英語を教えてくれたことが、オレらの人生の成功につながってるって思う」

せな「私も今、韓国語を学んでるけど、日本語と文法が似ていて比較的学びやすい言語なんだよね。今はインターネットもあるし、海外旅行にも行きやすいし、外国人と話す機会も圧倒的に多い。だけど、お母さんとお父さんは、そういう環境がないなかでモチベーションを保ち続けて勉強に励んでたのって、すごすぎる」

#2 登録者数690万人超えのYouTuberになれたこと

1週間に1回はトレンドが変わるYouTubeの世界

こたつ「オレら、YouTubeを始めて1年半ほどでチャンネル登録者数が500万人を超えたやん？　そして、今は690万人を超えた」

せな「ホンマすごいことだよね。始めた頃は、こんなに増えるなんて思わんかっ

た」

こたつ 「やっぱ、ずっとYouTubeを続けてきたことに意味があるんやろうな。やってみてわかったけど、YouTubeでは1週間に1回ぐらいトレンドが変わるんだよね。だから、いかに早くトレンドに乗っかるかを常に考えてないといけない」

せな 「たつやから急に連絡が来て、『今すぐやらな！』って言われたこと、あったよね。カウンター*のショートのとき」

＊カウンターショート動画
登録者数が増えていく様子をカウントする実況中継を、縦型のショート動画で投稿する動画のこと。国内ではYouTuberのヒカキンが始めて、月間登録者数が420万人も増えたことから、爆発的に流行った。

こたつ　「オレは直感型だから、『これはバズる！』って思ったら、**すぐに行動に移すのが成功への近道**だと思ってる。あのときは、1本目のカウンターショート動画を上げたら、めっちゃバズって、『これは、せなも呼んで絶対やらな！』ってなってん」

せな　「それでトレンド入りして、私は東京にいたのに、たつやに呼ばれて大阪に帰ってきて、その動画だけ撮って、また東京に戻ったんだよね」

こたつ　「そういう瞬発力が大事やん。そこから、5本ぐらい撮ったよね。あのときのショート動画は7000万回再生を超えたし。登録者数も40万人ぐらいから300万人に一気に増えたから、みんなまねるようになって」

せな　「発想が浮かんでから行動に移す速さがたつやの強みやな。それが成功のカギだって思う」

こたつ 「おっ、褒《ほ》めてくれてるやん」

せな 「YouTubeやってると、プライベートと仕事の境界線がなくなるって思うんやけど、それが具現化された出来事だなって思う」

こたつ 「まあ、あそこまでチャンスをつかめるとは思ってなかったけど、気持ち的には、ずっと100万人を目指してたから。その気持ちがやっと神様に届いたって感じ。頑張りがちゃんと認められたかなって思うとる」

せな 「珍《めずら》しく謙虚《けんきょ》やな」

こたつ 「YouTubeで大事なのは、やっぱオリジナリティ。既にやってることをまねしても、伸びる確率は低い」

せな 「せやな」

こたつ「本来、カウンターショート動画は登録者数がキリのいいところまで増えたら、お祝いをするものだけど、オレらは、登録者が1人増えたらオレがちょっと懲《こ》らしめられるっていう新しいコンテンツだったから。そういう意味ではオレらはパイオニアかな」

せな「私がたつやのことをいじめるって感じで、登録者が1人増えるごとに、たつやのお尻をビニールのバットでたたいたり、パイを顔にぶつけたり、水をかけたり……、いろんなバージョンをやったよね」

こたつ「どうやってテイストを変えるかを考えて、妹が兄を懲らしめるという設定なら、誰もが好きな動画になるかなって。なおかつ、世界共通でウケるのは、『金』的なもの。だから、僕たちの一番バズった動画って、せながオレのあそこ目がけて、思いっきりゴムを引いて『パーン！』ってやる、超しょうもないやつ。そういうおかしさは世界共通だから、言葉もいらないし」

せな 「私はそういうキャラで売ってなかったから、新鮮やったわ」

こたつ 「むしろ得でしょ？　日頃のストレスを発散できるんやから」

せな 「まあね」

こたつ 「すぐ行動に移すのも大事やけど、それを**いかに自分の色に染めていくか**がSNSの戦略だと思う。『○○と言えばこの人』というイメージをどんどんつくっていくことが大事だと思ってる」

2023年3月からスタートしたYouTube「こたせなチャンネル」は2年で登録者数690万人を超えました！

YouTubeで見る景色が変わった

せな 「YouTubeを始めるまで、私は温室育ちだなって自覚はあった」

こたつ 「オレもせなのこと、大事にしてるしな」

せな 「絶対ウソやから、それ。一般的に見て、すごくありがたい環境で育ってきたからこそ、YouTubeを通して現実を見たというか……。職業の中でも、YouTuberって特に数字にとらわれる仕事だから。すごく現実主義になった気がする」

こたつ 「オレにとっては、夢の架け橋みたいな感じ」

せな 「なに、急にポエム言うてんの？」

こたつ　「うっさいな。いやでも、YouTubeって可能性が無限大というのは、本当にそうやと思う。何より、YouTubeでこういう景色を見たら、逆に夢を諦《あきら》められなくなる」

せな　「それはめっちゃ共感する」

こたつ　「自分の頑張り次第で夢が本当に叶《かな》っていくのがYouTube。自分のテレビ番組みたいに、自分をプロデュースできる場所。**自分が本来やりたかったことへとつなげてくれるプラットフォーム**やねんな」

せな　「私もダンス動画がバズるの、めっちゃ嬉しいし、励みになってる」

こたつ　「街歩いてて、『もしかして、こたつさん？』って声をかけられることもあるし」

せな　「私も、そういうときは『ありがとうございます！　見てくれてるんですか?』って話をして、一緒に写真を撮ったり」

こたつ　「オレも、超ウェルカム。盗撮されても、撮る側の気持ちもわかるから、『全然いいよ』って思うし。むしろ『あっ、盗撮してきたな』って気づいたらピースしてる（笑）」

せな　「私がYouTubeやってる実感を持つのって、そういうときぐらいかな。ライブやイベントミーティングみたいな形でファンの方に会うということは全然ないし。街で『えっ、もしかして?』って声をかけてもらえると、改めて実感できるから、めっちゃ嬉しい」

たつやをディスれるのは、せなだけかも(笑)。幼少期の2人が戻ってきた感じです。

自分の子どもがYouTuberになるとは思ってもみなかった

たつやがYouTubeを始めるまで、私はたつやにクリエイティブな才能があるとはまったく気づきませんでした。「子どものことを親が理解して、強みを伸ばしてあげるのが大切」とよく言われますが、私が気づいていたのは「この子はスポーツが得意だな」ということぐらい。もともとクリエイティブな才能があったのか、高校を卒業してから開花したのかはわかりません。

私は時々、子どもの将来を心配している親御さんから子育ての相談を受けることがあります。「どんな子にもその子だけの個性があって、それを生かして生きていけるから大丈夫！　親が知らない秘めた才能や可能性もたくさんあるので、心配しなくてもなんとかなりますよ」と伝えています。

結局のところ、「子どもは親の思いどおりに育たない」と、実感しています。私はたつやが幼い頃、「将来、この子をYouTuberに育てよう」と思っていたわけではありません。

親には親の希望がありますが、その思いが強すぎると、子どもへの精神的負担が大きくなってしまいます。**子どもがその子らしくいることを見守ること**ができるといいですね。

と言いながら、私自身、それができていたわけではありません。私は、もともとは心配症で、たつやが幼い頃は「転んでケガをしたらどうしよう？」とか、「言葉が出るのが遅いけれど、大丈夫かしら？」と、いちいち不安になっていました。でも、あるとき、「どうなるかわからないことを心配しても無駄だから、やーめよっ」と吹っ切れたのです。少しずつですが、楽観的になりました。そこからは、適度な距離感を保って子育てできたのかなと思います。

たつやは専門学校卒業後、TikTokを始め、その翌年に「フォーエイト48」というYouTubeグループをつくって活動を始めました。リーダーとして活動するなかで精神的にも鍛《きた》えられ、大きく成長しました。「環境が人を育てる」とは、まさにこういうことなのだと思います。

実は、たつやとせなは、YouTubeを始めるまでは特に仲が良かったわけではありません。たつやが高校を卒業してからは、お互いに連絡を取ることも、ほとんどなかったようです。でも、YouTubeで一緒に仕事をするようになってから、お互いの良いところを認め合うようになりました。これもYouTube効果ですね。

もちろん、ケンカもよくしていますが、YouTubeの撮影は真剣に取り組んでいるので、今では「一緒に作品をつくりあげる同志」という感じがします。

たつやを懲《こ》らしめるショート動画がバズったと2人は話していますが、たつやをディスれるのは、せなだけ。だからこそ、視聴者もスカッとするのではないでしょうか（笑）。「フォーエイト48」ではたつやはリーダーなので、たつやをいじれるメンバーはいないようです。でも、そんなリーダーに対して、妹が「ふざけんな、ハゲ！」などと言ってディスっているのを見て、ファンも面白がっているのかもしれませんね。

#3 英語を武器にしたいのなら

好きなものを英語にしていく

こたつ　「オレはホンマ、『英語が自分の人生を決めた』って思ってる。YouTubeを始めたとき、最初はどう英語を生かそうかと考えていて。『こたせなチャンネル』を始めてから、『あっ、英語のパズルのピースがつながった』って感じた。このピースがなかったら、オレの人生は無残に終わってたんやろな」

せな　「ねえ、もし自分が親になったら、自分の子どもにも英語を教える?」

こたつ　「それはもう、間違いなく。インターに入れるかまではわかんないけど。自分がまず英語をしゃべって、英語教室にも行かせる。何があってもやらせる」

せな　「やっぱ、0歳からやね」

こたつ　「2、3歳まではどんな言語でも学べるって言うしな。遅いとハンデになる。0歳から英語の音に触れるのと、大人になってから始めるのとでは、たぶん違うから」

せな　「私も絶対そうする。でも、小6から中2だけは公立の学校に行かせたい」

こたつ　「そこも自分と一緒にするん?」

せな「うん。私は日本の文化に触れて、すごく良い経験になったから。インターだけだとわからないことが、いっぱいあるんだよね。日本の協調性を重んじるがゆえの美徳とか」

こたつ「おまえ、協調性あるんか?」

せな「ちゃんと企画に付き合ってあげてるやん。感謝してや!」

こたつ「オレらって、『英語を学ぶのが嫌』って思ったことないやんか。自然と英語をしゃべるのが当たり前になる環境をつくるのがいいんやろな」

せな「やっぱ、『英語って楽しい!』っていうイメージをどれだけ感じられるかどうかだよね」

こたつ「だから、**好きなものを英語にするのがいい**と思う。例えば、その子がディズニーが好きなんやったら、ちょっとずつディズニーの映画を英語にしていくとか。無理に英語教室に通わせるんじゃなくて、音楽を聞かせたり、英語のアニメを見せたり。英語を好きになるきっかけをつくってから、教室に通わせたらいいかも」

せな　「ホンマにそうやな。外国の映画を見たり、外国人と話したり。それができることによって、**何がプラスになるのかを体験させてあげる**のが、一番いいんじゃないかな」

せな0歳。私と夫は、お風呂でも「肩までつかって〜」と英語で話しかけていました。

楽しくないと続きません！

たつやとせなも、英語学習は「楽しい」ことが大前提だと言っていますが、これは科学的根拠もあります。楽しみながら学習するほうが、嫌々勉強するより学習効率が高まるという多くの研究結果があり、楽しんで学習するとストレスが減り、記憶力が高まるのです。

モチベーションには2種類あります。

1つは「内発的動機づけ」。これは「面白そうだから学びたい、やってみたい！」と自分の中から湧き上がるモチベーション。私が小学生のときにアメリカ人のペンフレンドができて「英語ができたら世界中に友だちができそうだから英語をやってみたい」と思ったのは、この「内発的動機づけ」です。

もう1つは「外発的動機づけ」。これは報酬や評価、罰則といった外からの働きかけによって起こるモチベーションです。例えば、「今年の12月までにTOEIC800点を取らないと社内で昇進できないから英語を頑張ろう！」といったことです。

最初は「外発的動機づけ」でも構いませんが、長期的には「内発的動機づけ」がないと続きません。

例えば、せなは、Kポップや韓国ドラマに興味を持ったことで、韓国語を話せるようになりました。これは「内発的動機づけ」です。高校生のときに「韓国語の参考書を買ってほしい」と頼まれて2冊ほど買ってあげたら、あとは独学で勉強していました。**「楽しい」「好き」という気持ちがあれば、自然とモチベーションを保ち、学習を続ける**ことができます。

私の友人で、アメリカ人男性と恋に落ち、飛躍的に英語が上達した人もいます。「わかり合いたい。伝えたい」という恋愛における強い想いは、「内発的動機づけ」のわかりやすい例でしょう。

私が教えている学生たちの中には英語嫌いも結構います。「海外にもあまり興味がないし、外国に行きたいとも思わないので、英語は必要ない」と思っている学生も少なくありません。そういう学生に世界に目を向けてもらい、そして英語ができたらどれだけ海外旅行が楽しくなるかを伝えるために、私はよく、自分の海外旅行体験談や面白いエピソードを話します。例えば、「海外で買い物をしていて、値引き交渉するときの表現」「危ないエリアの確認方法」「海外のホテルに安く泊まる裏技」などを話すと、学生たちは興味津々《しんしん》。すると、実際に海外旅行をするという行動にもつながりやすくなります。そして、実際に海外に行ってみると「コミュニケーションが少しは取れて嬉しかった！」、あるいは「会話が通じなくて悔しかった！」といったいろいろな体験をします。そして、「もっと英語を話せるようになりたい！」と心から思うようになったとき、英語学習が楽しいものに変わるのです。

このように、自分の中から出てくる「英語をもっとやってみたい！」という気持ちが、英語が話せるようになる一番の原動力です。

英語は苦手だけど継続して英語を学びたい人にお勧めなのが、「好きなことを英語で学ぶ」という方法です。例えば、次のように、自分の好きなこと、興味のあることは楽しくできるので、そこに**英語学習を掛け合わせる**のです。

①ゲームが好きなら、英語でゲームをする。
②料理が好きなら、英語の料理本を使う。
③アニメが好きなら、英語でアニメを観る。
④野球が好きなら、英語の野球放送を見たり、野球に関する英単語を覚えたりする。
⑤旅行が好きなら、英語で観光情報を調べる。

私が教えていた学生の中で、海外セレブのゴシップネタが大好きな女の子がいました。彼女はＴＯＥＩＣのスコアも伸ばして留学したのですが、英語の勉強方法を尋ねると、「芸能人のゴシップネタが載っている英語の雑誌をいつも読んでいました」という答えでした。

何事も楽しくないと続かないのは大人も子どもも同じです。特に幼い子どもに英語を話せるようになってもらいたい場合は、子ども自身が「面白い！」「楽しい！」「好き！」と思う環境をつくれないと継続しにくく、効果もあまり期待できません。

わが家では、子どもたちが幼い頃は、２人が好きな「セサミストリート」をテレビで見せていました。子どもが興味を持つ方法が見つかれば継続できますし、子どもは楽しく習得できるはずです。もし、期待したほどの反応がない場合は、まだそのタイミングではないのかもしれません。そんなときは無理に学ばせる必要はありません。**無理強《じ》いして英語嫌いにしてしまうことが、一番よくない**ことです。

子どもはどんなタイミングで何に興味を持つかはわかりません。いつか興味を持つ日が来るかもしれないので、子どもの様子も見ながら長い目で見守ってあげられるといいですね。

「子どもにどうなってほしいのか」を考えましょう

お子さんに英語を身につけさせたいなら、まず「子どもにどうなってほしいのか」を考えることも大切です。ある程度の英会話ができれば十分なのか、海外の大学を目指すのか、ネイティブ並みの発音を求めるのか。そして、それは何のためなのか。

例えば、海外駐在が決まっており、海外生活が長くなるとわかっているのなら、子どもにはできるだけ小さいうちから英会話を習わせると現地で困らないでしょう。

一方、海外旅行で困らない程度でいいと思うなら、本人が「英会話を学びたい」と言ってから始めても遅くありません。

また、「字幕なしで映画を１００％理解できるようにさせてあげたい」と思うなら、高度な英語力が必要です。残念ながら、私も、洋画を100%理解することはできません。映画やドラマを観ていてわからない表現が出てくると、せなに尋ねることもあります。

今は、英会話教室も多様なコースを提供しています。0歳児も通えるクラスもあれば、小学生で英検を受験するためのコースもありますね。体験レッスンもたくさんあるので、子どもが気に入るところを探すこともできます。

小さい頃から英語を学ばせることが必ずしも必要というわけでもありません。ネイティブのような発音にこだわらなければ、むしろある程度の年齢になってからのほうが文法などは系統立てて覚えられるので、学習のペースは断然速くなります。

例えば、ソフトバンク創業者の孫正義《そんまさよし》さんは高校でアメリカに留学し、発音には日本人のアクセントが少し残っています。それでも、海外の要人と英語で見事に交渉しています。ビジネスにおいても、必ずしも完璧な発音は必要ではないのです。

幼少期から英語を学ばせる場合、**いかに継続できるかがポイント**です。小さな子は発音をすぐに覚えますが、忘れるのも早い。せっかく幼少期に始めるなら、小学校卒業までは習い続けたほうがよいでしょう。小学6年生頃まで学んでいれば、正しい英語の発音は残ります。

例えば、私のクラスで英語の発音の良い学生がいたので、「すごく発音がいいね」と褒《ほ》めたら、「小学生から英会話スクールに通っていた」と教えてくれました。中学受験でやめてしまったそうですが、それまでの経験が大きく影響していたのです。

また、親の駐在でシンガポールに10カ月住んでいたお子さんは、現地の幼稚園に通っていました。帰国後も英語に触れる機会を与え続けた結果、中学2年生で英検2級を取り、高校入学前にはTOEIC800点近いレベルにまで達したそうです。

実際、日本国内でのみ活躍している人も大勢いて、みんながみんな、英語ができるようになる必要もないでしょう。「子どもには英語を話せるようになってほしい」と**親が必死になりすぎると、逆に可能性を狭めてしまう**こともあります。明確な目的がないのなら、「試しに習わせてみよう」ぐらいの気持ちでもよいのではないでしょうか。子どもが英語に興味を持たないのなら、「他に好きなことを探してあげよう」と、柔軟に考えるのも大切かもしれません。

結局、子どもがどう育つのかは、親にもわかりません。親ができることは、その時々でベストだと思うことをするしかありません。そして、子どもの「好き」を伸ばしてあげることかもしれませんね。たつやとせなは、たまたま英語が仕事に結びついていますが、それは本人たちが選んだことです。

英会話スクールの選び方

幼少期の場合

小さい子はネイティブの先生がいる英会話教室に通わせることをお勧めします。赤ちゃんは、生まれたときからあらゆる言語の音を聞き取り、発音する能力を持っています。しかし、母国語で使われない音（例えば、日本語なら[ʒ]など）は脳が不要と判断し、徐々に聞き取れなくなります。そのため、幼少期は特に、ネイティブスピーカーの英語をたくさん聴くことが大切です。

英会話教室に通わせるタイミングは、外国人を見て拒否反応を示す前が理想的です。子どもの性格にもよりますが、外国人の先生を見て泣き出すようでは学ぶどころではありません。せなは2歳のとき、「ディズニーランドで「巨大な」ミッキーマウスに会って大泣きし、しばらく怖がっていました（笑）。

物心がつく前のほうが心理的抵抗が少なく、自然と受け入れられるのではないでしょうか。

小学生の場合

公立の小学校では3年生から英語が必修になりましたが、この時期の子どもたちにもネイティブの英語を聞かせてほしいと思います。小学生のうちは、聞き取りも発音もネイティブのように習得できる可能性がかなり残っているからです。

一番大切なことは子どもが「楽しい」と思えるかどうかです。英会話スクールを選ぶ際、ネイティブの先生を嫌がるようなら、もちろん日本人の先生でも構いません。英語に興味を持つことからスタートすればよいのではないでしょうか。

中学生になると、授業で英会話に費やす時間は少なくなるので、小学生のうちは、文法や読み書きよりも「英語を話す楽しさ」を体験させてあげることが大切なのではないかと思います。

中学生・高校生の場合

中学生からは文法や語彙《ごい》、リーディングが中心になり、スピーキングの時間は限られます。英会話スクールでは、それを補うことができます。中学生からは文法を体系的に学んでいくので、学校で習った文法知識を会話の中で繰り返し練習できるようなレッスンが効果的です。そういう意味では、日本人の先生もよいでしょう。ネイティブと日本人の先生を組み合わせるのもよいと思います。

大学生・社会人の場合

大学生や社会人は、英語レベルも学ぶ目的もさまざまです。「海外旅行で最低限の英会話ができるようになりたい」のなら旅行英会話クラス、「海外との取引で、英語で交渉できるようになりたい」のならビジネス英語クラス、というように、ニーズやゴールに合わせて選ぶことが必要でしょう。よくある質問についてまとめたので、以下を参考にしてみてください。

◎初級レベルの場合

最初からネイティブスピーカーとのフリーカンバセーションを行うレッスンはお勧めしません。**インプットがないとアウトプットはできない**からです。語《ご》彙《い》や基本文型を学んで知識を増やしながら、アウトプットもできるクラスがお勧めです。

◎AI英会話レッスンの場合

AIと話すほうが恥ずかしくなく、心理的な壁を感じにくいと思う人は取り入れてみてはどうでしょうか。「人とのコミュニケーションのほうが面白い!」と思うのであれば、そちらを選べばいいですね。あるいは、両方を上手に組み合わせるのも1つの方法です。

◎オンライン英会話の場合

スクールに比べて安価で場所を選ばず、時間帯や講師を選べるので、とても便利です。スクールに通う時間も節約できるので、忙しい人には最適ですが、キャンセルしやすいため、受講頻度《ひんど》が下がりやすいのが難点です。

私は20代の頃、チケット制のスクールに通っていました。最初は週2回ほど通っていましたが、急用が入ると「別の日にしよう」とキャンセル。やがて週1回、2週に1回と頻度が低くなっていき、最後はチケットの有効期限が切れて、もったいない経験をしました。

語学学習は、継続することが何より大切です。意志が強く、オンラインでも計画的に受講できるなら問題ありませんが、続ける自信がない場合は、固定スケジュールのスクールのほうが継続しやすいかもしれません。

やっぱり英語を話せてよかった！

こたつ　「歳を重ねるごとに、英語ができてよかったなって思える瞬間がめちゃめちゃ増えていく。若い頃は、こんなに大事だとは思わんかった」

せな　「何、おじさんっぽいこと言うてんの？」

こたつ　「うっさい。英語ってマジで大事なんやって、25歳ぐらいでやっと気づいた。**大事なものって、気づくまでに時間がかかる**のかもしれん。でも、それまで諦《あきら》めず続けていれば、絶対に自分の夢に1歩近づける気がする」

せな　「私も英語は夢に近づく1歩だと思ってる。それと同時に英語を話せることで、日常生活での悩みが減ったかな」

こたつ　「なんか深い話になってきたな」

せな「うまく言えるかわからないけど、人間って不確かなものが苦手で、完全に理解できないことにストレスを感じる生き物だと思う。私は、英語を話せることで得られた知識のおかげで、**自分にとって不確かなものに対して納得できる理解の仕方を習得できた**かな。『この人は、なんでこういう考え方するんだろう？』って思ったとき、『あっ、価値観が違うからか』『文化が違うからだ』って思えるのは、英語を通していろんな人と出会ってきたからかな」

こたつ「英語って本当に人生を変えるよね。**英語を学ぶのは今からでも遅くない**ってことが、この本を読んでいる人にも伝わってほしい」

せな「私も、めっちゃそう思う」

こたつ「オレは俳優っていう夢があったから、英語ができなくても、たぶんYouTubeはやってたけど、ハリウッドとか海外進出は諦めてたと思う。世界でのトップを目指す思考にしてくれたのは、英語のおかげやな」

せな　「うーん、私はどうやろ。英語を話せなかったらYouTubeをやってなかったかも。もともと弁護士になりたかったから、そっちを目指してたんちゃうかな」

こたつ　「最後に賢そうなキャラになって、ずるいやん」

せな　「今だって法律に関わる仕事をしたいと思うてるし。**夢は、まだまだ続いてる**もん」

せな22歳。Bennyでのデビューが決まって、アーティストとしての活動もスタート！

Chapter 4

英語子育てQ&A

1 英語子育てのお悩み

Q1
周囲の目が気になります。挫折《ざせつ》しそうです。

Answer

本書で紹介した0歳からの英語子育ては、私たち夫婦はたまたま英語の仕事に就いていたからできたことです。そうではないご家庭で、親がまず英語を習得してから子どもに話しかけるとなると、親の負担が大きくなります。お子さんが言葉をしゃべれるようになってから、英会話教室に通わせても十分間に合います。無理に私たちのやり方を、まねする必要はありません。

もし、お子さんを小さい頃から英会話教室などに通わせていて、周りの人から「そこまでする必要はないんじゃないの？」と言われたのだとしたら、聞き流せばよいのではないでしょうか。英語を学ばせたい目的があり、お子さんが楽しんで学んでいるのであれば、**「よそはよそ、うちはうち」と割り切って、続けたほうがいい**と思います。

私たちも、時折「日本人なのに、なんで英語？」と見られることはありましたが、直接何かを言ってくる人はいませんでした。

保育園ではママ友とは日本語で話していましたし、子ども同士も日本語でコミュニケーションを取っていたので、それほど浮いてはいなかったのかもしれません。それに、保育園に子どもをあずけている親はみんな共働きなので、井戸端会議をする余裕もほとんどなく、自分の家庭のことだけで精一杯でした。

意外と、周りの人はよその家庭のことには無関心かもしれませんよ。

Q2 私は英語ができないのですが、英語子育てはできますか？

Answer

できると思います。

YouTubeで「SYR Bros. from Tokyo to the World!」という有名な3兄弟のチャンネルがあります。長男の颯太《そうた》くんと次男の優太《ゆうた》くんは中学生、三男の遼太《りょうた》くんは小学校の低学年です。この兄弟のチャンネルは全編英語で、海外の人に向けて日本の文化や観光スポットなどを紹介しています。

3人とも英語がペラペラでネイティブ並みの発音ですが、ご両親はまったく英語を話せないそうです。

「自分が英語で苦労したから、子どもには苦労させたくない」という思いで英語の教材を与えたそうですが、ここまで英語ができるようになるとは思っていなかったのだとか。

しかも、わが家のようにインターに通っていたわけではなく、日本の公立の学校に通っています。長男の颯太くんは、10歳で英検1級に合格したので、まさに大人顔負けです。

たつやとせなが、このスーパー3兄弟と「こたせなチャンネル」でコラボしました。本当に3人とも海外で育ったかのようによどみなく英語を話していて、動画を観て私も感動しました。兄弟で言い合いをしているときも英語なので、すっかり英語脳になっているのだと思います。

この兄弟を知るまでは、「親が英語をしゃべれないと、インターにでも通わせない限り、子どもがネイティブのように英語を話せるようになるのは無理かな」と思っていたのですが、そうではないのだと気づきました。

この3兄弟の家族のように、両親は英語を話せなくても、子どもは英語がペラペラというケースは、他にも数多くあります。今は英語を学ぶ環境が整っているので、親は英語ができなくてもあまり関係ない時代になったと思います。

大事なのは、**英語でリアルなコミュニケーションを取る機会がある**こと。

赤ちゃんの言語習得と脳の発達研究で知られる米国ワシントン大学教授、パトリシア・クール博士によって行われた面白い研究結果があります。0歳児を対象にした音の聞き分けの実験によると、音声やテレビから情報を与えても学習効果はなく、対面で話しかけることで、赤ちゃんの言語習得の効果が得られたということです。

スーパー3兄弟はディズニー英語システムという教材を使っていて、ビデオやCD、絵本などから英語を学習したと思いますが、肝心なのは、インプットだけでなく、ネイティブの先生と触れ合って英語でアウトプットする機会がプログラムにしっかり組み込まれていたことだと思います。弟たちには、お兄さんが英語で話しかけてコミュニケーションを取っていたのだとか。

ご両親は話せなくても、英会話教室や教材などを活用し、英語でリアルなコミュニケーションを取る時間をつくってあげることができれば、子どもは話せるようになると思います。

Q3 子どもが英語を嫌がることはありませんでしたか？

Answer

たつやとせなの場合は、ほとんどありませんでした。生まれたときから家では英語、保育園やおじいちゃん、おばあちゃんとは日本語で話していたので、母国語が2つあるという感覚だったと思います。なので、「今日は英語で話す気になれないから日本語をしゃべる」ということはありませんでした。

インターに行き出してからは、学校では英語、家では日本語というように逆転しましたが、子どもたちが家に帰ってきたときに英語で話しかけても、何の抵抗もなく英語で返事をしていました。

日本でバイリンガル教育をする場合は、**子どもが英語を話す環境をいかにつくってあげられるか**がポイントでしょう。それが家庭でも学校でもサークルでも構いませんが、「コミュニケーションに必ず英語が必要であること」「英語を話すことが楽しいと思えること」「継続できること」が必要です。

Q4 日本語が怪しくなることはないですか？

Answer

早期英語教育については、メリットとデメリットが議論されています。デメリットとしては、「子どもが言語間で混乱する」「母語の発達に遅れが生じる」「日本語も英語も中途半端になってしまう」という意見が多いようです。

私も子どもに早期英語教育を受けさせましたが、振り返ると、**デメリットよりもメリットのほうがはるかに多い**と感じています。

「子どもが言語間で混乱する」点については、わが家の様子を見ても、ほとんどありませんでした。ただ、日本語と英語を話す時間を明確に分ける環境をしっかりつくることは大切でしょう。

「母語の発達に遅れが生じる」点については、短期的にはそうかもしれません。わが家でも、インターではJapanese（国語）の時間が少ないため、日本の同学年の子どもたちと比べると、漢字や日本語の語彙《ごい》の知識が不足していました。そのため、せなも、日本の学校に転校したときは遅れがありましたが、2年半の間に漢字の遅れをほぼ取り戻しました。大学では、日本語でも英語でもレポートを書いていたので、日本語力もそこまで向上したということです。

たつやは高校卒業時点では、日本語より英語のほうが強かったと思います。しかし、YouTubeの仕事を始めてから日本語を毎日使うようになり、かなり鍛《きた》えられました。「こたせなチャンネル」の動画を観ていただければわかりますが、2人とも日本語、英語、関西弁（笑）を見事に使い分けています。

このように、長期的に見ると、本人次第で言語の遅れを取り戻すことは十分可能です。

「日本語も英語も中途半端になってしまう」点については、2言語学習の進め方次第だと思います。日本に住み、日本の学校に通いながら英語を学ぶのであれば、日本語が身につかないということはまずないでしょう。

たつやとせなはインターに通っていましたが、日本語でのコミュニケーションに問題はありません。あえて言うなら、敬語の使い方を間違えることが時々あります。しかし、日本の学校に通っていても、敬語の使い方は難しいものです。ですので、支障のあるレベルではないと思います。

お子さんに早期英語教育をするかどうかは、それぞれの家庭のニーズに合わせればよいのではないでしょうか。日常英会話ができ、海外旅行で困らない程度の英語力を望むのであれば、特に早期教育は必要ないでしょう。一方、ネイティブ並みの聞き取り能力と発音を身につけさせたいのなら、小さいうちから始める必要があります。夫も言っているように、この2つのスキルは後からどれだけ努力しても、超えられない壁になりやすいからです。

言語学習の分野では、ある一定の年齢（臨界期）までに言語に触れる機会がないと、その言語を完全に習得するのが難しくなると言われています（臨界期仮説：Critical Period Hypothesis）。その時期は12〜13歳までという説もあれば、9歳まで、15歳までなどさまざまな説があり、明確な結論には至っていません。また、発音、リスニング、文法など、言語領域によって、異なる臨界期があると も考えられています。

たつやとせなは、生まれたときから日本語にも英語にも毎日触れていたので、どちらも習得することができました。

世界的に見ると、ヨーロッパでは2カ国語程度を話せて当たり前で、アジアでも香港やシンガポールなどでは、英語と中国語の両方を話しています。私の大学にはインドネシアからの留学生がいますが、彼らの英語力は非常に高く、彼らに聞いてみたところ、小学生から英語も学んでいるそうです。

日本の小学校でも、イマージョンプログラム（母国語と第2言語を交えた授業を展開する教育方法）が全国で広がりを見せています。

私が「こたせな」を育ててきて実感しているのは、子どもは私たち大人が思っている以上に言語能力も適応力も高く、**2カ国語を習得することは難しくない**ということです。2つの言語を習得することで、「認知能力が向上する」「視野が広がる」「異文化理解が深まる」「キャリアの幅が広がる」など、グローバル社会で生きるうえで大きなメリットがあります。

幼い子どもはどんな言語でも、そして何カ国語でも、話せる能力を持っています。その能力を最大限に生かせる機会を与えてあげることができたら、最高ですね。

Q5 男の子と女の子では違いはありますか？

Answer

わが家では、せなのほうが言葉が出るのが早かったし、おしゃべりだったので、英語の発達は早かったですね。

一般的に、女の子のほうが発達は早いと言われていますが、**長期的に見ると、それほど差はない**ように感じます。

たつやは、子どもの頃は何か聞いても、一言でしか返してくれませんでした。

そのため、「ランチは何を食べたの？」「おいしかった？」というように、次々と質問して答えてもらうようにしていました。

とはいえ、英語を習得するうえで、男の子と女の子で大きな違いはないので、気にする必要はないでしょう。

Q6 海外留学についてどう思いますか？

Answer

本人に興味があって、経済的にも時間的にも許される環境があるなら、ぜひ行かせてあげてほしいです。語学学習の効果はもちろんありますが、異文化体験を通じて、人間的に成長する機会になることは間違いありません。海外に出ることで、**初めて日本を外から客観的に眺める**ことができ、今まで気づかなかった日本の良さが見えてきます。

例えば、「レストランでは水が無料」「公衆トイレが無料」「夜、1人で出歩いても安心」「無人の自動販売機が壊されない」「子どもが1人で登下校できる」「落とした財布が戻ってくる」など、例を挙げればきりがありません。海外では当たり前ではない、日本の環境の「ありがたさ」に気づくのです。

留学先は欧米に限らず、アジアや中東、アフリカなど、どこでもよいと思います。どこに行ったとしても、異文化に触れ、視野が広がる体験ができるからです。カルチャーショックの連続で、途中で諦《あきら》め、数カ月で帰国することになったとしても、留学に行く前よりも成長しているでしょう。**嬉しい体験も、辛い体験も、すべてが人生の宝物**になっていることに、後で気づくのです。

私自身も、アメリカの大学院に行った人生と、行かなかった人生とでは、まるっきり違っていただろうと感じています。もし留学していなければ、たつやとせなを0歳から英語で子育てしようと思わなかったかもしれません。

私が教えている大学にも、半年間の留学制度があります。留学生活は楽しいことばかりではなく、最初は慣れずに辛い思いをすることもあるでしょう。私もそうでした。

留学中の学生から、「ホストファミリーを変えてほしい」という相談を受けることもあります。多くの場合、コミュニケーションがうまく取れていないことが原因です。例えば、日本人は「No」とはっきり言えない人が多いため、ホームステイ先で苦手な食べ物を出されて、「この料理どう？ 好き？」と聞かれると、つい「Delicious!（おいしい！）」と言ってしまうことも（笑）。すると、ホストファミリーは「好きなのね。じゃあ、また作ってあげよう！」と思います。

その結果、毎日のように同じ料理を出されて困る、というのはよくある話です。日本では相手を傷つけないように断り方を考えますが、海外では忖度《そんたく》の必要はありません。「この料理は苦手で、食べられません」とはっきり伝えても、相手が嫌な思いをすることはありません。「嫌いだと知らずに作り続けていた」と後で気づくことのほうが、ホストファミリーにとってはよっぽど嫌なことです。日本人は行間を読んだり、相手の表情から気持ちを察したりしますが、英語圏では言葉どおりに受け取ると思ったほうがよいでしょう。

英語で伝わらないのなら、ジェスチャーや筆談を使うのも1つの手です。一生懸命伝えようとするうちに、**異国でのサバイバル能力**が上がります。意思表示が段々できるようになるにつれて、学生も少しずつ自信がついていきます。

日本を出発するときは不安そうだった学生も、半年後に帰国して再会すると、別人のように成長しています（笑）。ひと回りもふた回りも成長した学生の姿を見るのは、教師冥利《みょうり》に尽きます。

長期のほうが語学力向上の面では効果がありますが、短期留学や短期滞在であってもお勧めです。近年は、修学旅行で海外に行く学校や、短期ホームステイプログラムを導入している学校もあり、中・高生のうちから海外体験をできる機会が増えています。

若い子たちの学習能力、適応力はうらやましいぐらい素晴らしく、たとえ短い期間でも英語だけでなく、いろいろなことを吸収して帰ってくるでしょう。本人にとって何事にも代えがたい経験になると思います。

私が以前教えていた学生が話してくれたのですが、ホームステイプログラムの最終日に、ホストファミリーが空港まで送ってくれたそうです。別れのとき、感謝の思いが溢れてきたのに、「Thank you.（ありがとう。）」以外、英語でどう言えばいいのかわからず、悔しい思いをしたそうです。その瞬間、「もっと英語で話がしたかった！」「留学前にもっと英語を勉強しておけばよかった！」「次にホストファミリーに会うときまでに絶対にもっと英語がしゃべれるようになりたい！」と強く思ったそうです。その瞬間、その学生の英語学習に対する「やる気スイッチ」が入ったのです。

英語は、想いを伝える手段。**「伝えたい！」という気持ちこそが、原動力になる**のです。

Answer

Q7 英検（実用英語技能検定）は受けさせたほうがよいのでしょうか？「イエス」の場合、何歳で何級を目指すのがよいでしょうか？

ケースバイケースで、子どもの年齢によっても対応が異なります。子どもが小さいうちは親の選択になりますね。子どもが英検の勉強を嫌がらないなら挑戦してもよいのではないでしょうか。例えば、Q2で紹介した「英語ペラペラ3兄弟」の長男・颯太《そうた》くんと次男・優太《ゆうた》くんは、5歳で英検2級に合格しました。2人とも英語が大好きなのです。

お子さんが「もっとやりたい！」と喜ぶようなら、積極的に挑戦させてもよいでしょう。逆に、興味がなく、英検の勉強を嫌がるなら、無理に受ける必要はありません。英語嫌いになってしまったら本末転倒です。

英検に合格することがゴールではなく、お子さんが英語を楽しく続けていけることが大切です。「何歳で何級を目指すべき」という画一的な目標設定も必要ありません。子どもは1人1人、能力も適性も性格も違います。**その子に合った英語学習方法や学習ペースで続けること**が大切です。

また、英検を受ける時期もそれぞれでしょう。小学生のうちは興味がなくても、中学生、高校生になってから挑戦する子もいますし、大人になってから英語に興味を持ち、受験する人もいます。

実際、私が初めて英検を受けたのは大学生のときでした。英語学習が好きだったのと、英語を教える仕事に役立つと思ったからです。英検1級を目指しましたが2回落ち、卒業直前に3度目の正直でやっと合格！　そのときは本当に嬉しかったですね。

一方、せなは大学受験のためにTOEFLを1度受けましたが、英語の資格試験にはまったく興味はないようでした。英検は受けたことはありません。英検とTOEFLとは問題のタイプも違うので、インターを卒業していても、英検1級に合格できるかどうかわかりません（笑）。

2 英語学習のお悩み

Q1 ご自身はどのように英語を身につけましたか？

Answer

私は日本の学校で英語教育を受けました。高校卒業までは、受験勉強のために文法中心に学んでいて、英語は話せませんでした。大学入学後、英会話教室に通ったり、英検を受験したりして、英語の勉強はずっと続けていました。

大学院に留学する前に、特に苦労したのはリスニングです。TOEFLのスコアがなかなか伸びず、文法とリーディングで補う戦略をとりました。リスニングが鍛《きた》えられたのは留学後です。授業も日常会話もすべて英語で、映画館やテレビのニュースを通して、**英語のシャワーを浴び続ける環境**が役立ちました。

帰国後、ネイティブの講師ばかりのサイマルアカデミーという英語学校でしばらく働き、さらに英語力が鍛えられました。英語力は、使わないと少しずつ落ちていきます。一番早く落ちてしまう能力はスピーキングなので、毎日、英語を話さないといけない環境があったことに感謝しています。

Q2 リスニング力を鍛《きた》えたいのですが、今からでは遅いですか？

Answer

安心してください。リスニング力は何歳からでも鍛えることができます！

私自身、留学前はリスニングがなかなか伸びずに苦労した経験があり、大学院での修士論文でもリスニングをテーマにしたほど関心を持っていました。

英語が聞き取れない主な理由は、次の４つです。

①単語やイディオムを知らない

文中に知らない単語ばかりが並んでいるのでは理解できませんね。この場合の対応策は、語彙《ごい》数を増やすことしかありません。知っている単語ばかりなら、文法が100％でなくても、言っていることを推測できます。気をつけるべきは、発音も必ず一緒に覚えることです。そうでないと、読んだらわかるけど、聞いたときにはわからない、ということになります。

単語の効果的な記憶方法は、**自分自身と関連づけたフレーズや文章で覚えること**です。「こたせなチャンネル」で「こたつの英語勉強法」を紹介している回（https://www.YouTube.com/watch?v=CE4n4PRyos0, 10:30頃から）でも、「新しい英単語を記憶するときは、自分の日常生活の中で、その英単語を使えそうな文章を作る」と言っていました。

私は大学の受験勉強のときに、何千という英単語を丸暗記しようとしていましたが、たつやが言うような記憶にできるだけ長くとどめておくための工夫を知っていたら、もっと効率よくボキャブラリーを増やせたのではないかと思います。

②日本語にない音が聞き取れない

英語には、日本語にはない音がいくつかあります。

例えば[θ]。日本語では[s]に近い音ですが、日本人にとって、この2つの音の違いを聞き取るのは最初は難しいでしょう。会話の中で、sink（沈む）なのか、think（考える）なのか、区別がつかないことがあります。そうした場合は、[θ]の音を練習して自分で正しく発音できるようになるのが、リスニング力アップへの近道です。「自分が発音できる音は聞き取れる」という相関関係があるからです。

③単語の発音を間違えて覚えている

これはカタカナ英語とも深く関係しています。私たちは日常で5000語以上のカタカナ語を使っていますが、その中には実際の英語の発音と大きく異なるものがたくさんあります。

例えば、「セーター」の正しい発音は「スウェター（sweater）」。「ラベル」は「レイボー（label）」。「エネルギー」は「エナジー（energy）」、ココアは「（コゥコゥ（coacoa）です。「コゥコゥ」と聞こえても、頭の中では「？・？・？・」となり、「ココア」だと気づけないことがあります。

今はオンライン辞書などで、単語の意味だけでなく発音もチェックできるので、**繰り返し聞いてリピートする**とよいでしょう。

私は学生に「新しい単語を覚えるときは、必ず発音も練習しなさい」と指導しています。私自身、留学前にリスニングが弱かったのは、単語のスペルは覚えていても音では認識していなかったことが一因かもしれません。

カタカナ英語を正しい発音で言えるようになるだけでも、リスニング力アップに役立ちます。ぜひ、取り入れてみてください。

④会話で起こる音の変化を知らない

「読むと理解できるのに、聞くとわからない」というのは、音の変化を聞き取れないことが大きな原因です。日本語は単語ごとに区切って発音しますが、英語（特にアメリカ英語）は、音がつながったり、消えたり、変化したりしながら流れるように発音されます。

例えばLeave us alone!（私たちをほっといて！）は「リーヴァサロゥン」と聞こえ、What time?（何時？）はtが片方発音されないので「ワッタイム」と聞こえます。アメリカ英語では弱いtがdのように発音され、Get up!（起きなさい！）は「ゲダップ」と聞こえます。こうした音のつながり（リンキング）に慣れていないと、知っている単語でも聞き取れません。そのことを理解し、**どのように音が変化するかを体系的に学び、徹底的にトレーニングする**と、一気にリスニング力が上がります。私もその方法で大きく改善しました。

リスニング力は楽しみながらのほうが身につきやすいのは間違いありません。音楽を聞きながら歌って覚えてもよいですし、映画のセリフを繰り返し聞くのも効果的です。

せなは「SUITS（スーツ）」「Brooklyn Nine-Nine（ブルックリン・ナイン・ナイン）」「Prison Break（プリズン・ブレイク）」などの長いドラマを何回も英語で流し見して、冒頭の1分を観ただけで内容を全部話せるぐらいにしているそうです。やはり、ドラマが好きだから、そこまでできるのでしょうね。

また、シャドーイング（英語を聞きながらまねて復唱する方法）も、リスニング力だけでなく、発音やイントネーション、語彙《ごい》力まで鍛《きた》えられる効果的な方法です。

今はYouTubeや語学学習アプリなど、学ぶ方法は豊富にあります。自分に合った方法で、リスニング力を鍛えてみてください。

Q3 文法はブロークンでもどんどん話すほうがよいのでしょうか？

Answer

答えは「イエス」です。

留学中、ESL（英語を母語としない人向けのクラス）で、スペイン人やイタリア人と一緒でした。南欧の人は陽気でおしゃべりが好きなイメージがありましたが、その中でもスペイン人の女性は話すことが大好きでした。スペイン語ではもちろんのこと、英語でもしゃべりだすと止まりません。ところが、文法はめちゃくちゃ！「私がこのレベルだったら、恥ずかしくてこんなに話せない」と唖然《あぜん》としていましたが、本人はまったく気にしていません。「間違っていたらどうしよう」という不安よりも、「話したい！　伝えたい！」という気持ちのほうが遥かに強かったのです。先生もクラスメートたちも理解しようとするので、黙っているより話したほうが断然コミュニケーションが取れます。

一方、TOEICスコアがほぼ満点の日本人男性は、クラスディスカッションになるとまったく話せませんでした。日本人は「間違えたら恥ずかしい」とブレーキをかけがちですが、英語は話さないと上達しません。「文法をしっかり習得してから」と思うかもしれませんが、単語をつなげるだけでも相手に伝えようとしているうちに、徐々に文章で話せるようになっていきます。また、話すことで「その表現は違うよ」と教えてもらう機会が増えます。

「**間違いから学ぶほうが早く上達できる**」と、とらえるのがベストです。

ただ、誤解してほしくないのは、「ずっとブロークンイングリッシュでいい」と言っているわけではないこと。文法の基礎力がないと、英語力はある程度から は伸びません。英語圏に住んでも、最低限の文法を身につけていなければ、正しい英語を話せるようにはなりません。

私は、留学する学生には「出発までに最低でも英検2級レベルぐらいの力をつけておいたほうがいい」とアドバイスします。同じ半年間の留学でも、英語力の伸び方に大きな差が出るからです。

留学中に出会ったある女性は、「1年住めば英語がペラペラになると思っていたけど、全然上達せず恥ずかしくて日本に帰れない」と嘆いていました。おそらく、文法を学習しないまま留学したのでしょう。彼女の英語はブロークンイングリッシュでした。

海外旅行に行く程度ならブロークンイングリッシュでも問題ありませんが、深い話は難しいでしょう。もし英語圏で働きたいのなら、正しい英語を話せるかどうかで、**就ける仕事の選択肢**が変わります。

どちらにしても、最低限の英文法の知識は身につけておいて損はありません。

Q4 受験英語への切り替えは難しいですか？

Answer

小さい頃から英語を学んでいれば、受験英語への切り替えにはそれほど悩まないと思います。たしかに、日本の受験英語ではコミュニケーション力よりも、単語の暗記や文法の習得に重点が置かれています。しかし、受験英語とコミュニケーションのための英語で文法が異なるわけではありません。子どもの頃から身につけた基本的な語彙《ごい》や、自然に覚えた文法の知識は十分に役立ちます。

「こたせなチャンネル」で、英語の入試問題を2人が解く企画がありますが、日本の受験英語を勉強したことのない「こたせな」は、満点は取れませんでした。間違えた主な理由は、日本語の文法用語を知らなかったことです。時々、質問の意味がわからなくて、「?」となっていました（笑）。

Q5 1日どのくらい英語を勉強すれば身につきますか?

Answer

日

本人が英語を習得するのに必要な時間は、2000時間とも、3000時間とも言われています。なかには5000時間という説もあります。日本では、中学校、高校の6年間で1000時間近く英語を学んでいるので、もしトータルで2000時間必要だとすると、成人後にさらに1000時間の英語学習が必要ということになります。

例えば、「1年間、毎日2時間英語を勉強する」という目標を立てたとします。しかし、「毎日2時間か……。今日も勉強しないと……」という「いやいやモード」では継続は難しく、学習効率も上がりません。理想は、「もう時間? あっという間だった!」と感じる「**楽々モード」で学習を続ける**ことです。

同じ2時間でも、例えば、大好きな映画を観ていればあっという間ですが、嫌なことをしているときは長く感じてしまうものです。

あなたの「大好きなこと」は何でしょうか? 料理、スポーツ、ゲーム、旅行、レストランめぐり、音楽……？「自分の好きなことを英語で学ぶ」という方法をぜひ取り入れてみてください。

「忙しくて英語の学習になかなか時間がとれない……」というときは、毎日の生活の中で英語をプラスできる時間を探してみてください。

例えば、

①YouTubeを見るときは、英語字幕がついているものを選ぶ
②通勤・通学時間は、スマホで英語番組を聞く
③お風呂に入るときは、今日あったことを英語で言ってみる
④歩いているとき、見えるものをすべて英語で言ってみる
⑤AlexaやSiriの設定を英語にする

英語学習はまとめてやるよりも、毎日少しずつ続けるほうがずっと効果が上がります。ですので、問題集や参考書に頼るだけでなく、自分の興味を活用して、楽しく続けられる「オリジナル英語学習法」を見つけてみてください。

Epilogue

おわりに

最後まで読んでくださり、ありがとうございました。

本書は濱田ファミリーの子育て振り返り記録であり、子育ての「ノウハウ本」ではありません。子育てに「王道」はなく、「正しい子育て」というものもなく、「○○をしたら、子どもはこのように育つ」という共通のセオリーもありません。子どもはみな、1人1人個性が違い、生まれてきた目的も違い、興味も違うからです。

本書の執筆は、私にとって人生の棚卸しでもあり、いろいろなことを振り返る機会になりました。本の中には、こたせなへのインタビュー内容も掲載されていますが、子どもたちがわが家の子育てをどう捉えていたかという新しい視点を初めて知ることができ、意外だったこと、驚いたことも多々ありました。

執筆を終えて思うことは、「子育てを通じて、実は親が子どもに育てられていた」ということ。そして、子どもたちのインタビューから気づいたことは、「子どもは自分らしく輝ける方法を知っていて、親が邪魔をしないこと」、「親が自分の人生を楽しむこと」が大切であるということです。

「その子の魂が最高に輝けるようお手伝いをすること」、それが親にできる唯一のことなのかもしれません。私たちの英語子育てはあくまでも1つのケースですが、何か少しでも参考になることがあれば幸いです。

「英語子育て本」がアルクから出版されることになったのも、とても感慨深いものがあります。20代の頃、アルクの教材を何冊も買って英語を勉強していました。たつやが生まれたときには、赤ちゃんに話しかける英語表現をまったく知らなかったので、アルクの『起きてから寝るまで子育て英語表現1000』を使って、声かけをしていました。そして今回、「英語子育て」に関する本をアルクから出版することができたということに、特別なご縁を感じています。

本書の企画は、いつもお世話になっているニューワールドプロデューサー、山本時嗣さんの直感で始まりました。アルク執行役員の吉村さんが京都に来られたときに、「こたせなの本！」とひらめいて提案してくれたことからとんとん拍子に話が進み、本書が誕生したのです。社長の天野さん、吉村さん、編集部の佐野さん、鮒さん、執筆協力の大畠さん、出版営業部の森田さんをはじめ、アルクのみなさまからの温かいサポートに本当に感謝しています。そして何よりも、英語子育てを提案してくれた夫に、そして私たち夫婦のもとにやって来てくれた子どもたちに心から感謝を送りたいと思います。

私は２０１２年頃、あるビジョンを見ました。１人の心の中に光が灯り、その光が静かな湖面に落とされた1滴のしずくのように、波紋のように周りの人に広がっていく映像。そしてその光の波紋はあっという間に広がり、地球を覆い、その後に出てきたのが「世界平和は簡単」という言葉でした。それから約7年後、そのビジョンの科学的裏づけとなる「幸せは3次の隔たりまで伝染する」という論文に出合ったのです。「幸せは3次の隔たりまで伝染する」というのは、例えば、あなたが幸せになるだけで、①あなたの子ども（1次）、②子どもの親友（2次）、③その親友の知り合い（3次）にまで、幸せが自然に伝わっていくということです。

もし１００人がこのことに気づいて、自分自身を幸せにしたら。そして、それぞれの人の周りに１００人いるとしたら、３次の隔たりでなんと１億人まで幸せが伝染するのです！「これが、私が見たビジョンだったんだ！」と鳥肌が立ちました。

子どもに幸せになってもらいたいなら、あなたがまずやることは、そして唯一できることは、自分を満たしていくことなのです。心を整える、自分のご機嫌を取る、感謝の気持ちで生きる、ワクワクしながら生きる、楽しい気分でいる時間を増やす。このような波動が子どもに伝わり、そして３次の隔たりまで知らないうちに波及していくのです。「１人が変わったくらいで世界は変わらない。自分は無力だ」と私たちは思いがちですが、そんなことはありません。１人の人間が持つ影響力は想像を超えるほど大きいということをぜひ、知っておいてください。

この本を読んでくださったあなたが、まず、幸せの最初のひとしずくになってくださいますように。あなたの心が平和で、幸せでいること。それが、子どもや家族、大切な人に対してできる最大の貢献であり、世界平和にまでも繋がっていくのです。

私たちは誰もが、生まれるときに持ってきた魂の光があります。子どもたちがそれぞれの光を最大限に輝かせることができる社会になりますように。そして大人たちも自分の光を思い出し、子どもたちに負けないくらい輝けますように……。

そんな社会は、私たち1人1人の意識が変わることによって実現できるのです。

春の訪れを感じる神戸にて

意識プロフェッサー　濱田まゆみ

トイレ・風呂・歯磨き

57 Let's change your underwear.（パンツ替えようね。）

58 Do you need to go to the bathroom?（トイレ行きたいの？）

59 Great! You're such a big boy［girl］.（すごいね！　さすがお兄さん［お姉さん］だね。）

60 Don't forget to wash your hands.（手を洗うのを忘れないようにね。）

61 It's bath time!（お風呂入るよ～！）

62 Do you want me to help you?（お手伝いしようか？）

63 Soak up to your shoulders. Let's count to 10.（肩まで入って。10 数えよう。）

64 It's time to brush your teeth.（歯磨きするよ。）

65 Open your mouth, please.（お口あーんしてね。）

夜

66 Let's get ready for bed.（寝る準備しようか。）

67 Go ahead and pick a story.（好きな本選んでいいよ。）

68 Come sit next to me.（隣においで。）

69 Tell me what you did today!（今日何したか教えて！）

70 Exciting, isn't it?（ドキドキするね～。）

71 This looks fun.（楽しそうだね。）

ポジティブフレーズ

72 I like it!（イイね！）

73 You're doing great!（その調子！）

74 I'm so happy for you!（よかったね～！）

75 I'm so proud of you.（誇りに思うよ。）

76 I love you.（大好きだよ。）

77 I'm always here for you.（いつもそばにいるよ。）

親子のコミュニケーション

38 What are you doing?（何してるの?）
39 We're not buying that.（それは買わないよ。）
40 That's not nice.（それはよくないよ。）
41 There, there, don't cry.（よしよし、泣かないで〜。）
42 Give me a hug!（ぎゅーして!）
43 That was very kind of you.（今の優しかったね。）
44 You can take your time.（ゆっくりやっていいんだよ。）
45 You can do it.（君ならできるよ。）

成長

46 You're such a good boy!（よしよし、いい子いい子〜♪）
47 Hm, did you just say something?（あっ、今何か言わなかった?）
48 Could you give me a hand?（ちょっとお手伝いしてくれる?）
49 Do you want to give it a try?（これやってみる?）
50 You did it! Thank you so much!（できたね〜!　どうもありがとう!）
51 You're so talented!（きみは天才かも!）

体調

52 Let's wash our hands and gargle when we get home.（おうちに帰ったらうがい手洗いしようね。）
53 Poor thing. Are you not feeling well?（かわいそうに。具合悪い?）
54 Show me where it hurts.（痛いところ見せて。）
55 Pain, pain, go away.（痛いの痛いのとんでけー!）
56 You can see your friends as soon as you get well.（治ったらお友だちに会えるよ。）

お出かけ

- 21 Shall we get going?（さあ、行こうか。）
- 22 Could you please get in the stroller?（ベビーカーに乗ってもらえますか？）
- 23 Come on, get in the car.（さあ、車乗って。）
- 24 We're almost there.（もう少しで着くよ。）
- 25 Here we are. Let's get out of the car.（着いたよ。さあ車から降りるよ。）
- 26 Not that way, this way.（そっちじゃないよ、こっちだよ。）
- 27 Come on, Daddy will give you a shoulder ride.（ほら、パパが肩車してくれるよ。）
- 28 I should change her diaper.（そろそろおむつ替えとこうかな。）

食事

- 29 Dinner is ready.（晩ごはんできたよ～。）
- 30 Let's eat.（いただきます。）
- 31 Is it yummy?（おいしい？）
- 32 Chew it well.（ちゃんとモグモグしてね。）
- 33 Are you full already?（もうおなかいっぱい？）
- 34 Sit down, please.（ちゃんとお座りしてね。）
- 35 Your hands are sticky. Let's wipe them.（手がベタベタだね。拭こうか。）
- 36 Wow, you're eating so well.（おー、よく食べてるねえ。）
- 37 Are you done?（ごちそうさま？）

朝

01 Oh, are you awake?（あ、起きたかな？）

02 You're hungry, aren't you? I know.（はいはい、おなかすいたのね、わかってますよ～。）

03 Wow, your diaper is heavy.（うわ、おむつがパンパン。）

04 Good morning! Time to wake up.（おはよう！ 起きる時間だよ。）

05 You're in a good mood today.（今日はご機嫌だね。）

06 Let's get dressed.（お着替えするよ。）

07 What do you want to wear today?（今日は何を着ようか？）

08 Lift your arms.（バンザイして。）

09 Here you are.（はい、できたよ。）

10 Let's put your shoes on.（靴履こうね。）

11 You're all set. Let's go!（準備完了。さあ、行こうか！）

12 Have a nice day!（いってらっしゃ～い！）

遊び

13 Do you want to go on the swings?（ブランコしたいの？）

14 Let's take turns.（順番だよ。）

15 Peekaboo!（いないいないばあ！）

16 Tickle, tickle, tickle!（こちょこちょこちょー！）

17 Your friends are coming over today.（今日はお友だちが遊びに来るよ。）

18 What do you want to play with them?（お友だちと何して遊びたい？）

19 Let's tidy up.（さあ、お片付けしようか。）

20 We had a lot of fun today, didn't we?（今日は楽しかったね。）

付録

子どもに話しかけたい 英語フレーズ77

出典:『起きてから寝るまで子育て英語表現1000』(アルク)

音声ダウンロードの方法(無料)

音声は、パソコンまたはスマートフォンでダウンロードできます。

パソコンで

以下のURLで「アルク・ダウンロードセンター」にアクセスします。

URL:https://portal-dlc.alc.co.jp

▼

書籍名『世界を友だちにする英語キッズの育て方』
または書籍コード「7025015」で検索します。

▼

画面の指示に従って、音声ファイルをダウンロードしてください。

スマートフォンで

音声が再生できるアプリ「英語学習booco(ブーコ)」をご利用ください。

▼

QRコードから学習用アプリ「booco」をインストールします(無料)。

▼

ホーム画面下「さがす」から、書籍コード「7025015」で検索します。

▼

音声ファイルをダウンロードしてください。

詳しくはこちら:https://www.booco.jp/ ▶

※本サービスの内容は、予告なく変更する場合がございます。あらかじめご了承ください。

PROFILE

濱田まゆみ（濱田真由美）

流通科学大学准教授。作家。翻訳者。研究分野は英語教育、ポジティブ心理学、認知神経科学。科学的根拠に基づく自己実現法を英語教育に組み込んだ独自のメソッドを開発し、大学では英語学習とキャリア教育を組み合わせた内容言語統合型学習（CLIL）コースとして提供。英語学習意欲に加え、自己実現力、自己肯定感、幸福度を向上させる取り組みを行っている。

英語テキストに『映画「ローマの休日」で学ぶ日常で使える英語表現 新装版』、『Grammar Network～コミュニケーションにリンクする英文法』など、一般書に山田ヒロミとの共著『どんなとき、人は願いが叶うのか？ 実践「引き寄せ」大全』、『未来先取り日記』など著書多数。

2024年には女性音楽ユニット【UNIVERSE★STARS】のメンバー、プレアとして音楽活動も開始。歌の力で潜在意識を書き換えることを意図し、「意識革命で達成される世界平和」に向けて活動の幅を広げている。

意識プロフェッサー　濱田まゆみ　公式ホームページ
⇒ https://eigo-pos.com

無料メールマガジン「英語で学ぶ成功哲学」
⇒ https://goo.gl/OjJPmY

YouTube 濱田まゆみちゃんねる
⇒ https://www.youtube.com/channel/UCLs-R5IiMRMcQxWlyz0LsSQ

濱田和久
1986年 神戸市外国語大学英米学科卒。1993年〜駿台予備学校英語講師。2020年〜私立高校英語講師。小学生の頃に出会った洋画や洋楽をきっかけに、英語の道を歩み出す。
わが家では、「日本人の両親なのに英語で子育て!?」を提案し、約8年間その教育法を実践。「夫婦平等」「親子平等」が自分のモットー。
趣味は、スポーツ、楽器、作詞作曲、読書。2015年、作曲、Vocalを担当した「hamakazu slow down」という曲をYouTubeに投稿している。人生80年を4分割すると20年。その4つそれぞれのステージのスピード感覚の違いを、歌詞と映像とリズムで表現している。人生の第2ステージの中盤〜第3ステージにかけて、子どもが生まれ「子育て」も加われば、生活リズムはさらに加速していく。
現在、第4ステージ。スピード減速スローダウンしてゆっくりと、「人生やり残したことはない、すべて I did it マイ・ウェイ」と言えるように人生を楽しもう。

こたつ（濱田たつや）
1996年12月30日生まれ。YouTuberグループ「フォーエイト48」のリーダー。俳優、アーティスト、クリエイター。2018年に制作した「全力〇〇」がTikTokで大ブームに。2019年、YouTuberグループ「フォーエイト48」を結成し、2022年にはユニバーサルミュージックから「ロミエット」でメジャーデビュー。また、俳優としても活動を開始。2023年3月には、兄弟でYouTube「こたせな」チャンネルもスタート。「フォーエイト48」と合わせると総フォロワー数は840万人を超える。英語を武器に世界で活躍するアーティスト、俳優を目指して、活動中。

YouTube【フォーエイト48】 ⇒ https://www.youtube.com/@weareteam48

YouTube【こたせな】 ⇒ https://www.youtube.com/@KotaSena2023

せな（濱田星名）
2002年3月11日生まれ。上智大学国際教養学部卒。2023年3月に兄、こたつとYouTube「こたせな」チャンネルを開設し、2年で登録者数690万人を突破。「ガールズグループとして活躍したい」とチャンネル開始時に公言した夢が叶い、2025年2月22日、Bennyのメンバーとしてデビュー。英語と韓国語を話せるトリリンガルとして、「ジャパンコア」を世界に発信している。

YouTube【Benny official】 ⇒ https://www.youtube.com/@benny7_official/videos

世界を友だちにする
英語キッズの育て方

発行日　2025年4月18日（初版）

著者	濱田まゆみ
編集	株式会社アルク 出版編集部
編集協力	大畠利恵、結城すず
デザイン	新井大輔、中島里夏（装幀新井）
DTP	朝日メディアインターナショナル株式会社
写真提供	濱田まゆみ&こたせな
ナレーション	濱田星名
録音・編集	一般財団法人 英語教育協議会（ELEC）
印刷・製本	シナノ印刷株式会社
発行者	天野智之
発行所	株式会社アルク

〒141-0001
東京都品川区北品川6-7-29
ガーデンシティ品川御殿山

Website　https://www.alc.co.jp/

PC：7025015　ISBN：978-4-7574-4254-2